GUÍA DE JUSTICIA PARA VÍCTIMAS DEL CRIMEN

—

Mary L. Boland
Abogado

SPHINX® PUBLISHING
AN IMPRINT OF SOURCEBOOKS, INC.®
NAPERVILLE, ILLINOIS

Publicado por: **Sphinx® Publishing, impresión de Sourcebooks, Inc.®**

<u>Oficina de Naperville</u>
P.O. Box 4410
Naperville, Illinois 60567-4410
630-961-3900
Fax: 630-961-2168
http://www.sourcebooks.com
http://www.sphinxlegal.com

Esta publicación está destinada a proporcionarle información correcta y autorizada respecto a los asuntos cubiertos. Se vende entendiéndose que la editorial no se compromete a suministrar servicios legales o contables, ni ningún otro tipo de servicios profesionales. Si se requiere asesoramiento legal u otro tipo de consulta profesional, se deberán contratar los servicios de un profesional competente.

De una Declaración de Principios aprobada conjuntamente por un Comité de la Asociación Americana de Colegios de Abogados y un Comité de Editoriales y Asociaciones

Este libro no reemplaza la ayuda legal.

Advertencia requerida por las leyes de Texas.

Library of Congress Cataloging-in-Publication Data
Boland, Mary L.
  [Crime victims' guide to justice. Spanish]
  Guía de justicia para víctimas del crimen / Mary L. Boland.
    p. cm. -- (Legal survival guides)
  Includes index.
  ISBN 1-57248-187-0 (pbk. : alk. paper)
    1. Victims of crimes--Legal status, laws, etc.--United States--Popular works. I. Title.
II. Series.

KF9763.Z9 B6518 2001
344.73'03288--dc21

                                                        2001054216

Impreso y encuadernado en los Estados Unidos de América
VHG Paperback — 10 9 8 7 6 5 4 3 2

RECONOCIMIENTO

Muchas personas han contribuido a través de los años con información
que eventualmente hizo posible este libro. Deseo agradecer
especialmente a Katherine A. Newell, una excelente asistente de
abogado e investigadora, por su tiempo e invaluable asistencia para
reunir, escribir y editar la compilación de materiales estatutarios
mencionados en la primera edición de este libro.

Sumario

Uso de los libros de asesoramiento legal ix

Introducción xiii

Capítulo 1: El sistema de justicia criminal 1

La ley

El sistema

Tipos de crímenes

Elementos de los crímenes

El ofensor

El caso para el estado

La defensa del caso

Sobreviviendo el sistema

Capítulo 2: Cómo se obtiene ayuda 13

Programas de asistencia-víctima

Líneas de emergencia

Consejería en momentos de crisis

Los defensores de las victimas del crimen

La búsqueda de información

Capítulo 3: Las víctimas en el sistema de justicia criminal 17

Miembros familiares y seres queridos

Testigos

El aumento de los derechos de la víctimas

Derechos constitucionales de las víctimas

"Declaración de derechos" leyes para las víctimas

El derecho a la indemnización

El derecho de recibir compensación

El derecho a la justicia civil
Manejo del caso

CAPÍTULO 4: SUS DERECHOS DE PRIVACIDAD 29
Cómo proteger la privacidad de las víctimas
Sus derechos y los medios de difusión

CAPÍTULO 5: LA DENUNCIA DEL CRIMEN 33
Poniéndose en contacto con la policía
El papel de los hospitales y el personal médico

CAPÍTULO 6: LA INVESTIGACIÓN POLICIAL 37
La entrevista a la víctima
El lugar del hecho
El papel del detective
Los derechos de la víctima

CAPÍTULO 7: EL ARRESTO DEL OFENSOR 43
La identificación del ofensor
Procedimientos del desfile de sospechosos
Los ofensores desconocidos
El arresto del ofensor
¿Qué pasa si la policía no hace ningún arresto?

CAPÍTULO 8: LA PRESENTACIÓN DE LOS CARGOS 47
La decisión de acusar legalmente
El examen del caso
Límites de tiempo
Los cargos en su caso

CAPÍTULO 9: PROCEDIMIENTOS PREVIOS AL JUICIO 51
El papel del juez
Los derechos de la víctima
El derecho a un proceso sin demora
Acusación—comparecencia inicial del acusado
La fianza
Audiencia preliminar
Mociones en el juicio previo

CAPÍTULO 10: EL ACUERDO CON EL FISCAL· 61
Tipos de acuerdos con el fiscal
Procedimientos
El papel de la víctima

CAPÍTULO 11: EL JUICIO CRIMINAL 65

    El estado que enjuicia el caso

    La víctima como testigo

    La defensa del caso

CAPÍTULO 12: LA SENTENCIA 69

    Disposiciones de la sentencia

    La audiencia para la sentencia

    La declaración del impacto en la víctima

    Lo que realmente significa la sentencia

    Las violaciones de las ordenes de sentencia

CAPÍTULO 13: LA APELACIÓN 79

    Quién apela

    Lo que puede hacer la corte de apelaciones

    Los derechos de la víctima

CAPÍTULO 14: LA TECNOLOGÍA EMERGENTE EN RELACIÓN CON LAS VÍCTIMAS DEL CRIMEN . . 81

    La participación de la víctima

    Notificación e información automática para la víctima

    El mapa de la criminalidad

    Offensores y depredadores sexuales

    Ciberdelito

CAPÍTULO 15: RECUPERACIÓN DE LOS DAÑOS 89

    La corte civil versus criminal

    Otras opciones para recuperación de daños y perjuicios

    El efecto de una demanda civil en la víctima

CAPÍTULO 16: EL PAPEL QUE DESEMPEÑAN LOS ABOGADOS 95

    Los abogados y la confidencialidad

    En busca de un abogado

    Acuerdo de honorados

    Cómo trabajar con un abogado

GLOSARIO 101

APÉNDICE A FUENTE DE INFORMACIÓN DE LAS VÍCTIMAS 119

APÉNDICE B LEYES QUE SE PRACTICAN EN CADA ESTADO 123

APÉNDICE C DECLARACIÓN DEL IMPACTO EN LAS VÍCTIMAS 151

ÍNDICE 157

Uso de los libros de asesoramiento legal

Antes de consultar cualquier libro de autoayuda, es necesario tener en cuenta las ventajas y desventajas de encargarse de su propio asesoramiento legal y ser consciente de los riesgos que se asumen y la diligencia que se requiere.

LA TENDENCIA CRECIENTE

Tenga la seguridad de que usted no será la primera ni la única persona que se encarga de sus propios asuntos legales. Por ejemplo, en algunos estados, se representan a sí mismas más del setenta y cinco por ciento de las personas involucradas en procedimientos de divorcio y otros tipos de asuntos jurídicos. Debido al alto costo de los servicios de abogacía, la tendencia a la autoayuda va en aumento y en muchos tribunales se procura facilitar los procedimientos para que la gente pueda representarse a sí misma. Sin embargo, en algunas oficinas gubernamentales no están en favor de que las personas no contraten abogados y se niegan a ofrecer cualquier tipo de ayuda. Por ejemplo, su respuesta suele ser: "Vaya a la biblioteca de leyes y arrégleselas como mejor pueda".

Escribimos y publicamos libros de autoasesoramiento legal para brindar al público una alternativa a los generalmente complicados y confusos libros de derecho que se encuentran en la mayoría de las bibliotecas. Hemos simplificado y facilitado las explicaciones sobre las leyes al máximo posible. De todos modos, a diferencia de un abogado que asesora a un cliente en especial, nosotros no podemos cubrir toda las posibilidades concebibles.

ANÁLISIS COSTO/VALOR

Cuando se está comprando un producto o un servicio, uno se ve frente a diversos niveles de calidad y precio. Al decidir que producto o servicio adquirir es necesario efectuar un análisis de costo/valor sobre la base del dinero que usted esta dispuesto a pagar y la calidad que usted desea obtener.

Al comprar un automóvil, usted mismo decide si desea obtener transporte, comodidad, prestigio o *atractivo sexual*. De manera acorde, usted opta por alternativas tales como un Neon, un Lincoln, un Rolls Royce o un Porsche. Antes de tomar una decisión, generalmente se comparan las ventajas y el costo de cada opción.

Cuando usted tiene dolor de cabeza puede tomar una aspirina u otro calmante para el dolor, o visitar a un médico especialista que le practique un examen neurológico. En tales casos, la mayor parte de la gente, por supuesto, prefiere un calmante para el dolor porque cuesta solamente unos centavos mientras que un examen médico cuesta cientos de dólares y lleva mucho tiempo. Se trata, generalmente, de una decisión lógica porque, normalmente, para un dolor de cabeza no hace falta más que un calmante. Pero en algunos casos un dolor de cabeza podría ser indicio de un tumor cerebral y sería necesario consultar a un especialista inmediatamente para evitar complicaciones. ¿Debe consultar a un especialista toda persona que tenga dolor de cabeza? Por supuesto que no, pero los que deciden combatir sus enfermedades por sus propios medios tienen que darse cuenta de que están arriesgando su salud en base al análisis costo/valor de la situación. Están tomando la decisión más lógica.

El mismo análisis costo/valor debe efectuarse cuando uno decide encargarse por sí mismo de los trámites legales. Muchas situaciones legales son muy claras: requieren un formulario sencillo y un análisis que no es complicado. Toda persona con un poco de inteligencia y un libro de instrucciones pueden encargarse del asunto con poca ayuda externa.

No obstante, en ciertos casos se presentan complicaciones que sólo un abogado podría detectar. Para simplificar las leyes en un libro como éste, frecuentemente ha sido necesario condensar varios casos legales en una sola frase o párrafo. De lo contrario, este libro tendría varios cientos de páginas y sería demasiado complicado para la mayor parte del público. Sin embargo, esta simplificación deja de lado, necesariamente, numerosos detalles y sutilezas que tendrían relación con ciertas situaciones especiales o inusuales. Asimismo, es posible interpretar la mayoría de los asuntos legales de distintas maneras.

Por consiguiente, al utilizar un libro de autoayuda legal y efectuar sus propios trámites legales, debe usted ser consciente de que está efectuando un análisis de costo/valor. Usted ha decidido que el dinero que ahorrará al encargarse de las gestiones legales compensará la posibilidad de que la resolución de su caso no resulte satisfactoria. La mayor parte de la gente que efectúan sus propios trámites jurídicos jamás tienen problemas, pero en algunas ocasiones ocurre que necesitan contratar a un abogado para corregir los errores iniciales de un caso, a un costo más alto del que les hubiera supuesto contratar a un abogado desde el principio. Tenga este factor en cuenta al manejar su caso y si cree que en el futuro le hará falta más orientación no deje de consultar a un abogado.

NORMAS LOCALES

El proximo aspecto a recordar es que un libro sobre las leyes de toda la nación o de todo un estado, no puede incluir todas las diferencias de procedimiento en cada jurisdicción. Siempre que sea posible, proporcionamos exactamente el formulario que se requiere. Sin embargo, en otros casos, cada condado establece sus propios procedimientos y requiere sus propios formularios. En nuestros libros para determinados estados, los formularios generalmente cubren la mayoría de los condados del estado o proporcionan ejemplos sobre los trámites legales necesarios. En nuestros libros de alcance nacional, se incluyen algunas veces formularios de un alcance más general, aunque destinados a darle una buena idea del tipo de formulario que hace falta en la mayor parte de las localidades. De todos modos, recuerde que el estado o el condado donde usted reside puede haber establecido requisitos o formularios que no estén incluidos en este libro.

No se debe necesariamente esperar que toda la información y los recursos necesarios puedan obtenerse únicamente a través de las páginas de este libro. Esta obra le servirá de guía, brindándole información específica cuando fuera posible y, también, ayudándolo a encontrar los demás datos necesarios. Es como si uno decidiera construir su propia terraza. Usted podría adquirir un manual para la construcción de terrazas. Sin embargo, dicho libro no podría incluir los códigos de construcción ni los datos sobre los permisos requeridos en cada ciudad, condado o localidad de la nación, ni tampoco podría abarcar información sobre madera, clavos, sierras, martillos y otros materiales y herramientas para la construcción. Un libro de ese tipo puede servir de guía y después hará falta investigar un poco más sobre este tipo de obras, datos para obtener permisos, e información sobre los tipos y niveles de calidad de la madera disponible en su localidad, posibilidades de utilizar herramientas manuales o eléctricas, y el uso de dichas herramientas.

Antes de utilizar los formularios que figuran en un libro como éste, deberá usted verificar en la oficina de la secretaría de estado o del gobierno local si existen ciertas normas locales que usted deba conocer, o formularios locales cuyo uso sea obligatorio. A menudo, tales formularios requerirán la misma información que la que aparece en los formularios incluidos en este libro pero en diferente orden o con algunas palabras distintas. A veces será necesario utilizar información adicional.

CAMBIOS DE LEYES
Además de estar sujetas a las normas y prácticas locales, las leyes están sujetas a cambio en todo momento. Los tribunales y los legisladores de los cincuenta estados constantemente examinan las leyes. Es posible que mientras usted esté leyendo este libro, se esté modificando algún aspecto de las leyes.

En la mayoría de los casos, los cambios serán mínimos. Se rediseñará un formulario, se requerirá información adicional, o quizá se prolongue un plazo de espera. Como resultado de cambios de ese tipo, quizás sea necesario examinar un formulario, presentar un formulario extra, o cumplir un plazo de espera más prolongado; este tipo de cambios generalmente no influyen en la solución de su caso legal. Por otra parte, en algunas ocasiones puede suceder que se modifique un aspecto fundamental de una ley, que se cambie el texto de una ley en determinada área, o que sea anulado el aspecto básico de un asunto legal. En dichas circunstancias, sus posibilidades de tramitar su caso se vería seriamente afectada.

A fin de ayudarlo a cumplir los requisitos locales y los cambios que se produzcan en las leyes, lea detenidamente las recomendaciones del capítulo 1.

Nuevamente, deberá usted comparar el valor del caso contra el costo de la contratación de un abogado y tomar la decisión más adecuada para defender debidamente sus intereses.

INTRODUCCIÓN

Casi cada uno de nosotros se verá afectado por el crimen de alguna manera durante el curso de su vida. La televisión lleva los juicios a los hogares y observar el procedimiento de la corte se ha convertido en una trivialidad. Dejando de lado el estímulo que los medios de comunicación proporcionan, los derechos de las victimas son un misterio para muchos y nadie puede ejercitar sus derechos si no sabe que existen. Las víctimas, sus familiares, y los que los apoyan deben conocer las leyes y aprender cómo y cuándo aplicar esos conocimientos.

Este libro le ayudará a comprender el sistema de las cortes criminales y civiles desde el punto de vista de la víctima. La intención es enseñarle cómo funciona el sistema judicial de crímenes, los derechos de las víctimas, cómo obtener ayuda y cómo hacer que la gente que esta involucrada en su caso sea responsable por usted. Este libro también se ha escrito con la intención de ayudar a las víctimas que están considerando presentar un juicio civil. Es un punto de referencia, una guía básica para penetrar en el laberinto de los procedimientos de nuestra Corte Civil.

En el transcurso de ser víctima a aprender a sobrevivir, no titubee en reclamar sus derechos a la justicia. Y cuando haya completado su recorrido, reúna fuerzas de su experiencia y piense cómo su caso puede impactar en la comunidad para mejorar el trato de las futuras víctimas.

En los Capítulos del 1 al 15 se consideran los procedimientos de la Corte Criminal. El Capítulo 16 le explica el papel que desempeñan los abogados en el proceso. El glosario le ayudará a entender la jerga legal usada en todos los capítulos. La mayoría de las palabras escritas en letra cursiva, a través del texto, están incluidas en el glosario.

El Apéndice A le proporciona información sobre organizaciones, direcciones del Internet y números telefónicos que podrían interesarle.

El Apéndice B le da información relacionada con las leyes de cada estado en casos de víctimas del crimen.

El Apéndice C contiene un ejemplo de una declaración del impacto en la víctima. Se presenta aquí el tipo de formulario que podría ser requerido en caso de ser víctima de un crimen.

EL SISTEMA
DE JUSTICIA CRIMINAL

1

En la época colonial, cuando una persona cometía un crimen, el acto era considerado una injuria a la víctima y la víctima poseía el derecho de entablar juicio. No obstante, este sistema favorecía solo a las víctimas adineradas, ya que las víctimas que eran pobres no tenían recursos económicos como para buscar justicia. Para que el procedimiento fuera justo, el gobierno tomó la responsabilidad de enjuiciar a la persona acusada de cometer un crimen. Los crímenes comenzaron a considerarse actos erróneos cometidos en contra de la comunidad y censurados públicamente, en lugar de actos erróneos privados cometidos solamente en contra de un individuo.

LA LEY

Actualmente, hay leyes federales y procedimientos que se aplican a los casos procesados en el sistema de la Corte Federal, pero muchos crímenes son enjuiciados en el sistema de la Corte Estatal. Dentro de los límites constitucionales, cada estado es libre de actuar de acuerdo con sus propias leyes establecidas para los crímenes y sus reglamentos de procedimientos. Los estados tienen el derecho de desarrollar sus propias descripciones, definiciones y clasificaciones de crímenes. Por ejemplo, lo que para un estado es considerado "violación " en otro estado puede llamarse "agresión sexual" o "atentado sexual". Para un estado, un acto en el cual tres personas apuntan con un revólver en la mano mientras el perpetrador vacía la caja registradora es considerado un simple robo; en otro estado, en cambio, puede ser considerado como un caso de tres robos. La sustracción de $50 puede calificarse como delito menor en un estado y en otro puede ser un delito grave.

EL SISTEMA

El sistema de justicia criminal está designado a impedir que se comentan crímenes, investigar y procesar fechorías, y castigar y tratar de rehabilitar convictos transgresores. El "sistema" se refiere a un grupo de agencias que tienen la responsabilidad de tomar acción en un momento determinado del caso. La *policía* toma el reporte e investiga el crimen. El *fiscal* (acusador público) solicita (a la corte) que se condene al acusado y trata el caso. El *Juez* examina el proceso judicial. El *personal de la prisión* tiene la responsabilidad de encarcelar al acusado. Todas estas agencias están separadas y cada una de ellas tiene una meta y resultado diferentes. Algunas veces no funcionan bien juntas; sin embargo, en los últimos años, la policía y los fiscales se han reunido para formar una fuerza operante o unidades especializadas, a fin de mejorar el manejo de ciertos tipos de casos.

TIPOS DE CRÍMENES

Las clasificaciones de crímenes más comunes en los Estados Unidos de Norteamérica son *delitos menores* y *delitos graves*. Cada estado puede determinar qué crímenes son delitos graves y cuáles son delitos menores. El método común para categorizar crímenes es el que se utiliza de acuerdo a la longitud de la oración. Los crímenes menos serios son llamados *ofensas triviales* o *infracciones* en la mayoría de los estados. Algunos ejemplos de típicas ofensas triviales son:

- violación de las normas de tránsito;

- disturbio de la armonía; y,

- desperdicio del tiempo en ocio.

En la mayoría de los estados la sentencia máxima por un delito menor es de un año, aunque en alguno de ellos se permiten hasta dos años. Los típicos casos de delitos menores son:

- asalto;

- robo simple;

- trasgresión o violación;

- agresión;

- indecencia pública (exponerse públicamente); y,

- acoso telefónico.

Un delito grave es un crimen más serio, y puede ser sentenciado por un término más largo de prisión, a una sentencia de por vida, o aun a la pena de muerte. Los típicos ejemplos de delitos graves son:

- asesinato;

- violación y atentado sexual;

- incendio premeditado;

- falsificación de documentos;

- drogas (cierta clase);

- homicidio impremeditado;

- invasión a la propiedad;

- secuestro de coche ;

- robo (arriba de una cifra determinada); y,

- acecho agravante.

ELEMENTOS DE LOS CRÍMENES

Para constituir un crimen deben existir ciertos *elementos*. Estos elementos están establecidos en las leyes.

Ejemplo: Un caso tradicional de asesinato de primer grado requiere prueba de cuatro elementos:

    1) asesinato de una persona;

    2) ilícitamente (sin una excusa legal justificable);

    3) intencionalmente; y,

    4) con malicia premeditada (ejemplo: planeado con anticipación).

Si uno o más de los elementos no están presentes, no es suficiente para acusar al ofensor, aunque podría ser posible acusarlo de otra ofensa menor.

Ejemplo: Si el asesinato fue cometido *ilegalmente* (sin autorización) e *intencionalmente* (no por accidente), pero no existe la presencia de *malicia premeditada* (planeado con anticipación) aun puede considerarse una ofensa menor tal como un asesinato de segundo grado.

Cada crimen tiene su propia definición. Se presenta a continuación un ejemplo de un estado criminal definido en Illinois como ofensa de robo con allanamiento de la residencia:

```
Una persona comete un robo con allanamiento de la
residencia cuando conociendo y sin autorización
entra en la vivienda de otro con la intención de
cometer adentro, un delito grave o robo
```

La definición de *residencia* se encuentra en otra sección del Código Criminal de Illinois:

```
Para el propósito de la Sección 19-3 de este códi-
go, "residencia" significa una casa, apartamento,
```

casa rodante, remolque habitable, u otro hospedaje en el cual en el momento de la alegada ofensa,
el propietario u ocupante actualmente reside o, en
su ausencia, tenía un período razonable de residir
allí.

EL OFENSOR

Una vez que una persona es acusada de cometer un crimen, él o ella
tiene parte en un caso, y tiene el derecho de protección establecida por
la Constitución de los Estados Unidos de Norteamérica y todas las leyes
que se aplican a las personas culpables de un crimen. Quien participa
en el acometimiento de un crimen puede ser acusado de ofensor.

Ejemplo: Si tres secuestradores de coches le roban el suyo, cada uno
puede ser acusado, aunque solamente uno haya portado el
revólver o se haya llevado el vehículo. Los otros pueden ser
responsables por acciones tales como portar un arma y
conducir el automóvil.

Un ejemplo de estatuto de *responsabilidad* es:

En el estado de Illinois, una persona es legalmente responsable por la
conducta de otra cuando:

Antes o durante el acometimiento de un delito, y
con la intención de promover o facilitar el
referido acometimiento, incita, asiste, encubre,
está de acuerdo o intenta ayudar a tal persona en
el planeamiento o acometimiento de un delito.

JUVENILES   Hoy día, los adolescentes y jóvenes transgresores son responsables por
un alto porcentaje de crímenes cometidos en Estados Unidos de
Norteamérica. Hasta recientemente, sin embargo los jóvenes que habían
cometido delitos eran considerados *delincuentes* y eran enviados a una
corte juvenil para ser procesados. Muchas de las leyes estatales aún per-

miten solamente encarcelamientos criminales en contra de ofensores adolescentes mayores, éstos se basan en la teoría de que los niños (más pequeños) no son completamente responsables de sus actos. Algunos estados permiten la transferencia a una corte de adultos a un joven que haya cometido un crimen particularmente violento o brutal.

MIEMBROS FAMILIARES

Dentro del núcleo familiar sus miembros pueden y cometen crímenes perjudicándose entre sí. A menudo, el crimen de violencia (familiar) es llamado *violencia doméstica*, pero los miembros de una familia cometen una variedad de crímenes en contra de y entre ellos. Técnicamente, la ley relacionada con lo criminal no hace distinción entre un miembro de familia ofensor y un extraño, pero en efecto, el sistema de justicia criminal pareciera tratar crímenes cometidos por miembros familiares como si fueran menos serios. Por muchos años, el sistema de justicia criminal ha tratado los crímenes entre miembros familiares como disputas privadas, y no como actos públicos indebidos. Los conceptos de "asuntos familiares privados" algunas veces afectan las opciones de las decisiones sobre cargos y sentencias para los miembros familiares transgresores.

EL CASO PARA EL ESTADO

En nuestro sistema de justicia, un acusado siempre se presume inocente. Por lo tanto, en todos los casos, el estado tiene le *carga de la prueba* a través de la introducción del testimonio o evidencias físicas en la audiencia "más allá de la duda razonable" de que un crimen fue cometido y que el acusado cometió el crimen. La defensa no tiene le carga de la prueba en un caso criminal. (La defensa ni siquiera tiene que probar inocencia). La Quinta Enmienda de la Constitución de Estados Unidos de Norteamérica garantiza que el acusado no pueda ser *incriminado* (dar testimonio en contra) a sí mismo. Por esa razón el acusado no tiene que testificar.

En la mayoría de los casos, el *testimonio* de un simple testigo es legalmente suficiente para condenar a un acusado en el caso de crimen. Aun *evidencias circunstanciales* pueden ser suficientes para condenar al acusado. Pero a causa de que jueces y jurados desean tener tanta evidencia como sea posible antes de condenar, a menudo el estado presentará evidencias físicas y científicas además del testimonio de la víctima y de otros testigos.

Las evidencias científicas, tales como DNA (deoxyribonucleic acid), se usan en muchos casos hoy día. DNA es la abreviatura de ácido ribonucleico (en EE.UU.) y puede proveer evidencias físicas (tales como las que se encuentran en la saliva, sangre, u otros líquidos del cuerpo) que una persona tuvo en el momento del crimen.

LA DEFENSA DEL CASO

Cuando a un *acusado(a)* se le carga un crimen, él o ella puede tener derecho a un abogado designado, tal como la Sexta Enmienda de la Constitución estadounidense lo garantiza. En todos los casos, un acusado con disponibilidades económicas puede contratar a un abogado.

El abogado defensor está presente para asegurar que los derechos del acusado no sean violados. La meta del acusado es obtener, tan pronto como le sea posible, la absolución o que el caso sea declarado sin lugar. Las estrategias usadas variarán dependiendo del tipo de caso, pero generalmente será como se detalla a continuación:

- las evidencias son insuficientes;

- el estado ha violado los derechos del acusado al reunir las evidencias;

- no se les puede tener fe a los testigos;

- consentimiento o elaboración de la realidad;

- identificación errónea;

- defensa personal;

- acto involuntario o inducido por un funcionario público a cometer delito; o,

- el acusado es incapacitado, insano o culpable por enfermedad mental.

INSUFICIENTE EVIDENCIA

El acusado puede argüir que la evidencia es insuficiente cuando hay muy pequeñas evidencias físicas, tales como impresiones digitales, para relacionar al acusado con el crimen y cuando los testigos han tenido poca oportunidad para observar al acusado.

VIOLACIÓN DE DERECHOS

Aun cuando haya una consistente evidencia física, tal como una perfecta correspondencia entre la sangre del acusado con la sangre que se encontró en el lugar del crimen, el acusado puede argüir que el estado ha violado sus derechos al reunir evidencias. En este tipo de caso, el acusado puede también atacar la técnica usada por la policía en la investigación, o el procedimiento usado en el laboratorio (especializado en crímenes) al analizar las evidencias.

INCREDIBILIDAD

La defensa se basa en que la víctima no puede ser creída. Esta defensa es comúnmente vista cuando hay pocos testigos, además de la víctima del crimen. El acusado disputa los motivos de la víctima cuando ésta reporta el crimen o cuando está identificando al acusado.

Ejemplo: El acusado puede argüir que la víctima inventó una historia del asalto o agresión para evitar ponerse en problemas por llegar tarde a su casa. Otro acusado puede reclamar que la víctima desea cobrar el dinero del seguro por un ítem de propiedad que ha sido reportado como robado.

CONSENTIMIENTO O ELABORACIÓN

En casos de atentado sexual, cuando el acusado es un conocido de la víctima, él puede admitir el acto sexual, pero sosteniendo que la víctima estaba de acuerdo en tener relaciones sexuales. Esto es una defensa de *consentimiento* atacando la credibilidad de la víctima y es a menudo usado cuando no hay evidencia de contusiones u otros daños ocasionados a la víctima. Si la víctima es un niño(a), el acusado en este tipo de caso típicamente argumentará que es una *elaboración* de los hechos contado por el niño(a) debido a su inmadurez o bajo la dirección de un adulto.

IDENTIFICACIÓN ERRÓNEA	La *identificación errónea* es generalmente reclamada por los acusados cuando la víctima es físicamente atacada o cuando el acusado es extranjero. Esta defensa cuestiona la memoria de la víctima y la habilidad de identificación. Hoy día, a raíz de los mejoramientos científicos tales como huellas digitales y DNA (deoxyribonucleic acid) técnicas para encontrar correspondencias genéticas han facilitado la identificación de acusados extranjeros, pero la defensa de identificación errónea aún sigue creciendo cuando no existen evidencias científicas.
DEFENSA PROPIA	El acusado puede argüir que fue en defensa propia en caso de daños corporales, atentados físicos o casos de agresión. En la mayoría de los estados el acusado puede reclamar defensa propia cuando éste ha actuado con una razonable creencia de que su conducta fue necesaria para evitar inminente daño físico o muerte, excepto en el caso de que la creencia fuera irrazonable; cuando no pareciera disuadir reclamos o defensa propia.

Ejemplo: Un periódico en Illinois publicó la noticia que cuando un hombre, que pesaba 200 libras, fue arrestado por el homicidio de su compañera de trabajo, de 110 libras, él sostenía que le había dado puñaladas hasta matarla en defensa propia luego de que ella había tratado de forzarle a tener relaciones sexuales en un garaje camino al trabajo.

INCITACIÓN POR AGENTES DE LA LEY	Un acusado puede aducir haber actuado *incitado por agentes de la ley*. Es muy común en casos de drogas, cuando el acusado sostiene que la policía lo tentó o lo atrajo con engaño a cometer el acto delictivo. Otro argumento de defensa puede ser involuntariedad, puede presentarse en Casos de pandilla (de malhechores) o en casos de múltiples ofensores donde el acusado litiga que él o ella fue forzado por los otros acusados para proseguir y cometer el delito.
INSANIA MENTAL	Uno de los elementos requeridos para un cargo criminal es la habilidad de formar un intento criminal. Cuando un acusado está incapacitado, es incompetente o insano, él o ella puede alegar que no poseía el estado mental necesario para cometer un crimen o estar sujeto a juicio por cometer un crimen.

Todo los estados tienen procedimientos para determinar aptitudes y sanidad. Estas audiencias requerirán expertas evaluaciones siquiátricas y testimonios, y puede resultar en un caso de prosecución diferida por cierto período de tiempo. Si tal opción no estuviera disponible, puede haber veredicto de peligrosidad o insania mental, seguido de un procedimiento para someter al acusado a un hospital mental para un tratamiento hasta que él o ella no presente síntomas de insania o deje de ser peligroso(a). En tal caso el acusado está sujeto entonces a ser liberado de acuerdo con las disposiciones relacionadas con la salud mental del Código Estatal.

En algunos estados se utiliza el veredicto de "culpable pero enfermo mental" como método para tratar a criminales con esas características. El fallo de culpable pero enfermo mental, permite la encarcelación de estos trasgresores, a instituciones para enfermos mentales, por el tiempo que dure la enfermedad mental y luego se les traslada a una prisión común en donde deberán cumplir el resto de la sentencia.

INSANIA
TEMPORARIA

La insania temporaria puede ser planteada como una defensa en el caso de que un acusado sostenga que ha estado insano en el momento en que el crimen fue cometido y por lo tanto, no debería ser responsable de tal acto. La "dulce defensa", en la cual el acusado sostiene que el alto nivel de azúcar en la sangre causó el crimen u otras defensas por "disminución de capacidad", son tipos similares de reclamos. En estas defensas, el acusado se ha recuperado en muy poco tiempo después del crimen, pero no obstante busca excusar sus acciones basado en la teoría de que no tienen la intención criminal necesaria para cometer sus crímenes.

SOBREVIVIENDO EL SISTEMA

En los últimos veinte años, la Encuesta Nacional de Crímenes (Nacional Crime Survey) ha registrado más de 119 millones de crímenes violentos incluyendo violaciones, robos o atentados. La última Encuesta Nacional de Victimas de Crímenes conducido por el Departamento de

Justicia de EE.UU. ha reportado que han habido acerca de 11 millones de crímenes violentos y 31 millones de delitos a la propiedad cometidos en EU en 1994. Estos delitos incluyen 2.5 millones de atentados graves, más de 400 mil violaciones y atentados sexuales, y 23 mil homicidios.

Las estadísticas han mejorado en los últimos cuatro años, pero de acuerdo con la información recibida del Cronómetro de Crímenes del FBI, en 1999: un crimen violento ocurre cada 22 segundos; una muerte cada 34 minutes; una violación forzada cada 6 minutos; un robo cada minuto; y, un ataque agravante cada 34 segundos. (Departamento Federal de Investigación Criminal (FBI en EE.UU.), 15 de octubre del 2000. Crímenes en Estados Unidos de Norteamérica, Reporte Uniforme de Crímenes, 1999. Washington, DC: Departamento de Justicia de EE.UU.)

Aunque los hombres tienen un alto porcentaje de victimar, este porcentaje va declinando. En cuanto a la tasa de mujeres (más de 4.7 millones de crímenes anuales) han mantenido una constante o están aumentando. Los hombres tienden a estar más expuestos a ser víctimas de desconocidos; las mujeres tienen más probabilidades de ser atacadas por un conocido. Además, cientos de miles de niños son víctimas cada año en los EE.UU., comúnmente por alguien que los conoce.

La realidad es que cualquiera puede ser víctima. Y al ser víctima de un crimen se inicia una larga y dificultosa jornada por el sistema criminal de justicia.

EL IMPACTO DE UN CRIMEN

No todos los crímenes son similares, no todas las víctimas se ven afectadas de un delito de la misma forma, pero la mayoría de ellos experimenta un sentimiento de pérdida como resultado de un crimen. Las víctimas pueden sufrir daños físicos, emocionales y sicológicos del mismo modo que pérdidas materiales (propiedad). Aunque el crimen que haya sido perpetrado en contra suyo o de un ser querido, sea relativamente menor desde el punto de vista del sistema legal, puede llegar a tener un profundo impacto en usted.

Muchas víctimas dicen sentirse sin fuerzas, temerosos, culpables, confundidos y furiosos. Comprenda que recuperarse de un crimen puede tomar un tiempo. Una intervención de crisis por un corto período le ayudará, pero puede tomarle un año o más para recobrar la normalidad en su vida. Usted puede sentirse agobiado por el crimen cometido en contra suyo y quizás no pueda pensar que tiene suficiente energía para pelear por sus derechos, pero recuerde; hay maneras de hacerlo.

CÓMO SE OBTIENE AYUDA

Hay muchas vías que las víctimas pueden explorar para obtener ayuda. Si usted tiene un consejero espiritual o religioso, solicítele información sobre estos recursos. Algunas veces un amigo puede brindarle sosiego, consuelo y asistencia, pero otras veces los amigos y los miembros familiares necesitan ayuda ellos mismos para entender un crimen o el sistema judicial criminal, y no están disponibles para ofrecer ayuda. Los servicios de un psiquiatra, psicólogo, psicoterapeuta o consejero podrían proporcionarle la asistencia que satisfaga sus necesidades en estos casos. El título del que asiste no es tan importante como que la persona sea competente para trabajar sobre su caso específico.

Asegúrese de solicitar al profesional credenciales y experiencia en casos como el suyo. Hable previamente con la persona y luego tome la decisión. Las entrevistas con una persona preparada pueden ayudarle a canalizar sus sentimientos para que tengan una razón y reunir así las fuerzas que necesitará para calmarse y pelear por sus derechos.

En 1984, El Gobierno Federal (EE.UU.) aprobó el Acta de Víctimas del Crimen, la cual provee dinero a los estados para desarrollar e iniciar programas para las víctimas del crimen. Hoy día, muchos estados han desarrollado programas que proveen información, consejería, y apoyo para las víctimas del crimen. Estos programas pueden ofrecerle intervención en crisis a través de líneas de emergencia, explicarle los procedimientos financieros, ayudarle a que se familiarice con los procedimientos de la corte, y brindarle información sobre alojamientos locales y otros centros.

PROGRAMAS DE ASISTENCIA-VÍCTIMA

El personal del programa *asistencia-víctima* actúa en estrecha coordinación entre la víctima y el sistema de justicia criminal, y sus servicios no permiten ningún costo. Muchos de los grandes departamentos policiales y oficinas de fiscales emplean Asistencia-Víctima, también llamado personal testigo-víctima. Ya que estos programas son solventados económicamente con fondos locales, tienen la posibilidad de ser programas que pueden ofrecer servicios completos y de gran extensión o solamente, pueden estar limitados a proveer información. Lo mínimo que estas personas pueden hacer es ayudar explicándole procedimientos locales, y a menudo tendrán fuente de información local para poder referirle.

LÍNEAS DE EMERGENCIA

Algunas agencias públicas o privadas han establecido *líneas de emergencia* para asistir a las víctimas del crimen. Estas líneas telefónicas pueden operar las 24 horas del día y son generalmente llamadas *líneas de crisis*. Frecuentemente, un miembro del personal, quien recibe entrenamiento previo, o una persona voluntaria designada, puede ayudarle a aliviar sus preocupaciones inmediatas por teléfono, y puede darle una cita para que vea a un consejero profesional o referirle a otra agencia o servicio. Las líneas de emergencia pueden operar solamente para ofrecer información y referencia. Muchas líneas de emergencia actúan en forma confidencial, pero es aconsejable que antes de darle cualquier información sobre su identidad se asegure de conocer qué clase de confidencia se ofrece en esa línea de emergencia.

CONSEJERÍA EN MOMENTOS DE CRISIS

Muchos estados también proveen fondos a las agencias para que puedan brindar servicio de consejería y apoyo de grupo para las víctimas del crimen. Como ejemplos se pueden mencionar los centros para crisis por violación y hospedaje para los que sufran violencia doméstica. Además, una gran cantidad de programas otorgan servicios a los miembros familiares y otros miembros relacionados con las víctimas.

Los programas pueden ofrecer una cierta cantidad de sesiones sin cargo a las víctimas u otros miembros relacionados con él o ella. En algunos casos le pueden cobrar de acuerdo a una escala reajustable de honorarios basada en la disponibilidad de pago. Los programas reajustables posiblemente incluyan grupos de apoyo para que las víctimas puedan tratar temas relacionados con sus situaciones. Si usted selecciona un programa que cobra, recuerde que puede tener la posibilidad de reclamar el pago a la compañía de seguros o reembolso por enfermedad a través del programa de compensación para las víctimas del crimen que el estado ofrece. Por lo tanto, deberá guardar todos los recibos pertinentes a los gastos.

Muchas víctimas del crimen manifiestan sus preocupaciones sobre los derechos a la privacidad en los casos en que deben revelar temores íntimos y detalles del crimen a un consejero o en el grupo de apoyo. En reconocimiento de estas prevenciones, algunos estados proporcionan protección legal para los derechos de privacidad de las victimas y frecuentemente los programas de consejería están disponibles en forma confidencial. Antes de que usted elija uno, asegúrese de saber qué clase de confidencialidad le ofrece la persona o la agencia.

LOS DEFENSORES DE LAS VICTIMAS DEL CRIMEN

Un *defensor de las victimas del crimen* es una persona que puede proveer información, asistencia, y servicios de referencias. Algunos pueden proveer servicios inmediatamente después del crimen, como en el caso de los defensores de víctimas de violación, quienes van al hospital con la víctima. Los defensores pueden ser voluntarios o funcionarios de una pequeña o gran agencia privada o pública. La mayoría han participado en cursos de entrenamiento para entender el sistema de la corte judicial y sus procedimientos, y generalmente están capacitados para brindarle información sobre los procedimientos aplicables a su caso.

La búsqueda de información

Con el advenimiento del Internet, el hecho de encontrar programas se ha hecho mucho más fácil, ya que muchas agencias gubernamentales y comunitarias tienen página (sitio) web. Muchas facilitan excelentes conexiones con otras páginas que proveen todo tipo de referencias a las víctimas del crimen. No todos los programas están en el Internet, pero la mayoría de las organizaciones no lucrativas obtienen algunos fondos del estado o del gobierno federal además de fuentes privadas. Cada estado tiene un administrador para los fondos federales, y la agencia debe tener una lista de los programas que reciben fondos para proporcionar asistencia a las víctimas del crimen. Muchos programas públicos o privados anuncian o trabajan en conexión con la policía local o el fiscal, y están dispuestos a referirle para encontrar ayuda.

Si usted ya ha revisado sus medios locales—policía, fiscales, las páginas amarillas, la biblioteca, el ayuntamiento (municipalidad)—y no puede encontrar un programa local, recurra a un listado que cubra información de programas que se ocupen de servicios para victimas del crimen en todo el estado. Algunas veces, una agencia del estado u organización puede proporcionar asistencia aunque no esté basada en su ciudad o condado. Si se comunica con la oficina del fiscal general, también puede ser de gran utilidad, ya que muchos de ellos tienen servicios de información para las víctimas.

Finalmente, el representante o senador de su estado puede tener información para asistirle en la búsqueda de una organización local o un trabajo en conexión con todos los estados.

Los programas que no son locales

Algunas jurisdicciones aún no tienen establecidos programas formales para ayudar a las víctimas. Si usted no tiene suerte para encontrar un programa en el lugar donde reside, puede haber un grupo informal que se reúna para obtener apoyo mutuo. Pídale al oficial de policía o al fiscal para que lo asista en la búsqueda de tal grupo. En el Apéndice A de este libro encontrará una selección de agencias en el ámbito nacional que posiblemente puedan asistirle para hallar recursos locales.

LAS VÍCTIMAS EN EL SISTEMA DE JUSTICIA CRIMINAL 3

Aunque el crimen sea cometido en contra de la víctima, frecuentemente, a ésta se la ve como a alguien ubicado en situación periférica al caso. La víctima no es parte del caso, y no puede forzar al fiscal para que actúe en su representación. La ley no le permite a la víctima enjuiciar privadamente un caso criminal. Por el término de muchos años las víctimas no tenían ningún derecho. Solamente se esperaba que se presentaran a dar testimonio, frecuentemente sin mucha preparación por parte del fiscal. Puede tomar meses, aún años para que un caso tenga audiencia judicial, y muchas víctimas simplemente abandonan el proceso de la corte criminal.

Pero las víctimas son esenciales para ejecutar un caso satisfactoriamente, y durante los años 1960 y 1970, los grupos que defendían los derechos de las víctimas comenzaron a hacerse oídos en el sistema de justicia criminal. Eventualmente, cada estado adoptó leyes otorgándole algunos derechos a las víctimas para informarse y participar en los casos. Ocasionalmente, las agencias a las cuales se les requiere que provean derechos a las víctimas fracasan en el intento de hacerlo. Como resultado, muchas de las víctimas permanecen ignorando sus derechos para participar en el caso, y no las demandan.

MIEMBROS FAMILIARES Y SERES QUERIDOS

Los ataques a la víctima tendrán a menudo serias consecuencias para los seres queridos. Los sentimientos más comunes que se pueden experimentar son ira e incredulidad. Cuando la víctima ha muerto como resultado del crimen, la familia y los seres queridos frecuentemente sufren severas crisis emocionales y aun físicas como resultado del crimen.

Por muchos años, estos miembros familiares y seres queridos no tenían ninguna participación en el sistema de justicia criminal. En la mayoría de los casos, no eran testigos; por lo cual no podían atestiguar bajo juramento. No les daban notificación de audiencia y a menudo no lo sabían. Ni siquiera les preguntaban cómo se habían sentido cuándo el *acuerdo con el fiscal* tomó lugar, ya que no participaban, y en algunos casos no se enteraban de la sentencia (Un acuerdo con el fiscal es cuando al acusado le es permitido alegar culpabilidad por alguno o todos los cargos, a menudo, en recompensa por recomendación del estado, de una sentencia particular, la cual es probable que sea menor que la podría ser si el acusado fuese procesado en un juicio).

Hoy día esto ha cambiado y si la víctima muere, la familia o una persona designada toma el lugar de la víctima y tiene los derechos garantidos para la víctima en ese estado o jurisdicción. De este modo, si un miembro de su familia o un ser querido fue asesinato, usted se convierte en la "víctima" para el propósito de notificación y el derecho de participación en el sistema de justicia criminal.

TESTIGOS

Los testigos tienen las mismas preocupaciones sobre privacidad y seguridad que las víctimas. En el intento de estimular a los testigos para que presenten sus testimonios, la ley les ha incluido en algunas medidas de protección otorgadas a las víctimas del crimen.

EL AUMENTO DE LOS DERECHOS DE LA VÍCTIMAS

La primera Fuerza Operante Presidencial de Víctimas del Crimen fue establecida en 1980. Desde entonces, no ha habido evolución de las mejoras para las víctimas del crimen.

RECOLECCIÓN DE EVIDENCIAS DE VIOLACIÓN

Antes de que la Fuerza Operante Presidencial de Víctimas del Crimen cambió los protocolos médicos, las violaciones no eran consideradas un perjuicio para muchos hospitales. La *recolección de evidencias* y el entrenamiento del personal en los hospitales son modificaciones que han mejorado las experiencias de la víctima. La recolección generaliza el tipo y la cantidad de evidencias que se deben practicar; de esa forma, todos los procedimientos médicos y las evidencias requeridas deberían ser completadas, en la mayoría de los casos, en la visita inicial a la sala de emergencia.

Además, el entrenamiento del personal médico ha mejorado y facilitado la comprensión de las dinámicas de ciertos crímenes, los cuales han dado como resultado un tratamiento más sensitivo a las víctimas. Por ejemplo, antes del entrenamiento, parte del personal médico culpaba a las víctimas de violencia doméstica de los crímenes preguntándoles ¿Por qué no se ha ido, si esto le ha ocurrido antes? O ¿ Dónde estaban peleando ustedes en ese momento? Este tipo de procedimiento incitaba a que las víctimas fueran renuentes a hablar sobre el verdadero origen del perjuicio.

Algunos preferían decir que se "habían caído de las escaleras" o se "habían golpeado contra la puerta", en lugar de sentirse humillados con las preguntas o comentarios del personal médico. El entrenamiento sobre las dinámicas de la violencia doméstica, incluyendo los ciclos de violencia a menudo presentes en estos casos, ha mejorado el tratamiento a las víctimas y ha facilitado la comunicación para declarar los crímenes.

EXPEDIENTE PÚBLICO

Antes de que los cambios en las leyes ocurrieron, los nombres y las direcciones de las víctimas estaban a disposición del público como expediente público. Como resultado, las víctimas eran fácilmente accesibles para ser acosadas ilegalmente por medios publicitarios (periódicos, radio o televisión) vendedores de seguros y sistemas de seguridad y el perpetrador del crimen. Hoy día la revelación de información referente a datos personales de las víctimas debe ser prohibida. Algunos estados proveen protección a las víctimas en caso de intimidación por parte del asaltante, agregándole (a éste) nuevos crímenes por comunicación o acoso ilegal a un testigo, e incrementando penalidades a los transgresores que acosan ilegalmente a los testigos, antes del juicio. En algunos estados se puede revocar la fianza del acusado(a) en el caso de que haya violado las condiciones de prohibición de acercamiento a la víctima pendiente de juicio, y hasta podría volver a la prisión antes del juicio.

CONDICIONES DE FIANZA

Algunos transgresores, aún estando arrestados, continúan acosando a la victima, desde el teléfono de la prisión o luego de haber salido *bajo fianza* (a menudo, sin que la víctima sepa que está libre). Cuando un acusado salía bajo fianza (libertad provisional) los jueces no siempre tenían conocimiento de que la víctima continuaba recibiendo acosos o amenazas. Actualmente, más frecuentemente, los fiscales hablan con las victimas para prevenirles de cuestiones peligrosas y sobre las condiciones de salir bajo fianza. En algunos estados se encuentran disponibles informaciones sobre la libertad provisional; e intimidación a la victima puede ser específicamente la causa para revocar la fianza.

AUDIENCIA PRELIMINAR

Antes que ocurrieron cambios de leyes, nadie le anticipaba a las víctimas lo que iba a ocurrir en la audiencia preliminar, cuánto tiempo tomaba y cómo se podrían preparar. Hoy día, las víctimas tienen derecho a conocer los procedimientos. Los fiscales y el personal de víctimas-testigos se toman el tiempo para preparar a la víctima.

NOTA: *Para evitar exagerado fervor por parte de los investigadores que defienden al acusado, el estado de Oregón les otorga a las víctimas el derecho constitucional de permanecer en silencio cuando son interrogados por los investigadores.*

Frecuentemente, las víctimas y los asaltantes se ponían en contacto alrededor de los pasillos que rodean la sala donde se efectuaba la primera audiencia, causándole a la victima una continua angustia. Ahora las víctimas tienen derecho a esperar en áreas que minimizan la posibilidad de contacto con el acusado.

APLAZAMIENTOS   Reiterados aplazamientos de audiencias o juicio pueden costarle a la víctima innecesarios gastos tales como tomar a una niñera, perder el día de trabajo y el estacionamiento. Algunos estados requieren que el Juez considere las consecuencias que un aplazamiento le ocasiona a la víctima (Ohio inclusive permite que la víctima objete, diciendo que la acción del Juez está errada.)

TESTIMONIO   Con anterioridad a 1982, si alguien se negaba a dar el nombre y la dirección de la casa y/o el trabajo, podría considerarse detenido por estar actuando en desacato con las regulaciones de la corte judicial. Para mantener la privacidad de la víctima, algunos estados prohíben que la victima sea obligada a atestiguar bajo juramento sus domicilios o cualquier otra información, a menos que hubiera una razón legal para hacerlo.

Atestiguar bajo juramento puede ser una experiencia espantosa, especialmente para un niño(a). Actualmente algunas víctimas pueden tener una persona presente en la corte para que los apoye; los niños que son víctimas pueden tener derecho a consideraciones especiales.

LOS FISCALES   Los fiscales podían volver a asignarse reiteradas veces antes de que el juicio comenzara. Las víctimas debían decir a cada fiscal nuevamente la historia detallada de los acontecimientos y no debían recibir notificación de aplazamientos. Como resultado de las nuevas leyes, algunas oficinas de fiscales tienen un solo fiscal que permanece con el caso desde el comienzo hasta el final en cierto caso de felonías. Además las víctimas tienen el derecho de recibir información sobre los aplazamientos.

A raíz de estas mejoras iniciadas por la fuerza operante de reporte en 1982, las víctimas ahora tienen algunos derechos legales en el sistema de justicia criminal que no existía hace una década atrás.

DERECHOS CONSTITUCIONALES DE LAS VÍCTIMAS

El derecho más importante que uno puede tener bajo el sistema criminal de justicia es el *derecho constitucional*. Los acusados los han tenido desde que nuestro país se ha fundado, pero aunque la Fuerza Operante del Presidente recomendó que se agregara la Enmienda de las Víctimas del Crimen desde 1982, los derechos de las víctimas todavía no están en la Constitución de EE.UU. En lugar de ello, muchos estados han pasado enmiendas constitucionales estatales, las cuales garantizan a las víctimas el derecho de ser tratados con justicia y dignidad en el sistema judicial del crimen del estado. El listado de estados del Apéndice B le indicará si su estado tiene tal enmienda o cláusulas.

Si su estado tiene una enmienda constitucional para las víctimas del crimen, su próximo paso es obtener una copia de la misma. Considerando que la mayoría de las enmiendas han sido pasadas en los últimos cinco años, asegúrese de conseguir la revisión más nueva de su Constitución Estatal. El procurador general de su estado podrá proporcionarle una copia de la Constitución de su estado. Cualquier biblioteca pública tiene una copia actualizada de la Constitución de su estado y debería tener una copia de las enmiendas (Las Enmiendas también se pueden encontrar en el Internet.) Aunque su estado no tenga todavía la cláusula constitucional, todos los estados han pasado leyes dándoles a las víctimas ciertos derechos estatutarios. Para más detalle acerca de cómo debe buscar las leyes en su estado debe referirse al Apéndice B.

"DECLARACIÓN DE DERECHOS" LEYES PARA LAS VÍCTIMAS

Para 1990 cada estado había pasado las leyes de derechos de las víctimas. La mayoría de ellas se denominan leyes de "*declaraciones de derechos*". Muchas de las leyes son aplicables a casos enjuiciables en las cortes criminales y juveniles, y algunos estados incluyen ciertas faltas específicas leves e incidentes de vehículos. Los miembros familiares o parientes cercanos podían ser designados a participar en representación de un menor, discapacitado o en ausencia de la víctima por estar muerta. En algunos estados, se le permite a la víctima designar a otra persona para ejercitar los derechos de la víctima. Típicamente, las leyes proveen a las víctimas los derechos a la información, participación y servicios.

DERECHO A LA INFORMACIÓN

Muchos de los estados se aseguran que las víctimas estén informadas sobre el papel que desempeñan como tales, sepan los procedimientos generales, y que conozcan los servicios médicos, sociales y financieros disponibles para ellas. Algunos estados tienen formas de notificaciones las cuales son entregadas por la policía en la primera entrevista. Se le debe proveer a la víctima con el nombre, domicilio y número de teléfono del oficial de policía o fiscal que fuera asignado para el caso. En los grandes departamentos policiales pueden tener oficiales asistentes de víctimas, quienes mantienen informada a la víctima del estatus del caso y le proporcionan cualquier notificación o seguimiento, por escrito, relacionado con los programas de asistencia a la víctima. Estos programas incluyen intervención en casos de crisis o compensación para las víctimas del crimen (Algunas veces llamado *indemnización*).

Si bien alguna información debe ser automáticamente provista, los estados comúnmente requieren que la victima solicite ser informada del progreso del caso. Para ello deben enviar una carta a la policía y al fiscal requiriendo que se mantenga informado(a). Las cartas también tienen el propósito de mantener informados a los funcionarios de sus domicilios y otras informaciones para contactarse. La información sobre el caso debe incluir el estatus de la investigación, arresto, liberación del acusado bajo fianza, presentación de cargos (o decisión de no demandar), principio de enjuiciamiento, audiencias y aplazamientos, fecha de sentencia, decisiones del Juez o dictamen de condena y liberación del trasgresor.

DERECHO DE PARTICIPACIÓN

El papel de la víctima en el sistema de justicia criminal está expandiéndose y éstas tienen el derecho de participar en los procedimientos criminales, implícitamente en todos los estados. En algunos estados se le permite a la víctima presentar testimonio sobre el miedo de ser atacado o amenazado por el acusado, en la audiencia que se realiza para poner al acusado bajo fianza. En otros se le requiere al fiscal conferenciar o consultar con la víctima antes de tomar decisiones por los cargos.

Hoy día, en muchos estados, la víctima tiene el derecho de estar presente en los procedimientos de la corte judicial en la misma forma que el acusado. En algunos estados se consideran las prestaciones sociales para las víctimas determinando si la continuidad será otorgada, y un estado(Ohio) permite que la víctima exponga la requerida prolongación. Unos pocos estados también permiten que la víctima lleve una persona como apoyo en la Corte judicial mientras está atestiguando bajo juramento.

Quizás una de las más criticas fases de un caso criminal para la víctima es la decisión de la sentencia, y todos los estados permiten cierta participación en la consideración de la sentencia. Ya que la gran mayoría de los casos criminales se resuelven por acuerdo con el fiscal, la audiencia para la sentencia será la única oportunidad para la víctima de hablar con el Juez sobre el crimen. En muchos estados, se requiere que el fiscal consulte con la víctima antes de que comiencen las negociaciones o los acuerdos (esto no significa que la víctima pueda forzar al fiscal a tomar una acción en particular, pero solamente requiere que el fiscal considere la posición de la víctima).

La declaración escrita del *impacto en la víctima* también es, frecuentemente, incluida con los materiales que el Juez considera antes de aprobar un acuerdo con el fiscal o determinar una sentencia. En algunos estados, la víctima tiene el derecho a presentar la declaración en persona y recomendar una sentencia apropiada.

La información referente al impacto en la víctima es también crucial para la consideración de liberación condicional del convicto, perdón, o cambio de la sentencia del trasgresor, y muchos estados permiten la presentación oral o escrita de la declaración del impacto en la víctima para poner en liberación a funcionarios. Las víctimas tienen el derecho de saber si el trasgresor se escapa y si él o ella fue vuelto a capturar. Para ejercitar estos derechos, las víctimas deben mantener correcciones oficiales informadas de sus domicilios.

LIBRE DE
INTIMIDACIÓN Y
ACOSO ILEGAL

Los estados expresamente proveen que se les dé información a las víctimas sobre los derechos de ser libres de intimidación mientras están cooperando con las ejecuciones de la ley en la prosecución de sus casos. La seguridad o protección en las áreas de espera deben ser facilitadas a las víctimas cuando están asistiendo los procedimientos de la corte judicial para minimizar el contacto con el acusado, la familia y amigos de éste. La policía o el personal de la justicia criminal puede proveer asistencia, y en todos los estados, la intimidación a la víctima, puede considerarse un acto de caso criminal. En algunos estados, el fiscal puede específicamente requerir revocación de la fianza del acusado por haber intimidado, amenazado o maltratado a la víctima o a la familia de la misma.

DEVOLUCIÓN DE
LA PROPIEDAD

Los procedimientos de la corte pueden ser muy largos. Las propiedades que han sido tomadas como evidencia o recobradas por la policía en posesión del trasgresor podrían ser devueltas a la víctima una vez que su propósito evidenciable se haya cumplido. En algunos estados, esto significa que una vez que la policía haya tomado fotografías o el laboratorio de criminología haya analizado los materiales del crimen, deberían ser devueltos a la víctima. En unos pocos estados, los funcionarios deben retornar la propiedad dentro de los 5 a 10 días después de que la víctima la reclame, a menos que exista una buena razón que demuestre porqué no se puede devolver la propiedad a la víctima.

EL DERECHO A LA INDEMNIZACIÓN

Algunos estados tienen indemnización obligatoria, mientras que otros permiten que la víctima haga una solicitud de consideración a la Corte Judicial, en la "declaración de impacto en la víctima". Si desea una explicación más amplia de la indemnización refiérase a la sección que habla sobre "Otras Opciones de Indemnización por Daños" en el Capítulo 15.

EL DERECHO DE RECIBIR COMPENSACIÓN

Cada estado ha pasado la ley de compensación (indemnización) para las víctimas del crimen, la cual provee a las víctimas el derecho de buscar compensación del estado por la pérdida monetaria incurrida a raíz del crimen. Cada estado tiene sus propios requisitos y difieren entre sí. Por ejemplo, en un estado la víctima debe reportar el crimen a la policía dentro de las 72 horas. En otros estados, la ley solamente se aplica en casos de crímenes "violentos". La Oficina del Procurador General de cada estado le podrá proporcionar con la información necesaria sobre cómo y dónde debe iniciar demanda para obtener compensación por haber sido víctima de un crimen.

> *Advertencia*: No espere mucho tiempo antes de que empiece a investigar sobre sus derechos ya que hay límites para que usted pueda presentar su demanda. En el Apéndice A podrá encontrar un listado de agencias, citadas estado por estado, donde pueden asistirle con ese tema.

EL DERECHO A LA JUSTICIA CIVIL

Cada crimen es un acto erróneo público, pero también es un acto erróneo privado. Ya sea privado o *civil*, son actos llamados *daños legales*. El crimen de agresión, por ejemplo, es también un daño legal de agresión. Los daños legales son la base asumida del costo de injuria personal y daños a la propiedad en un litigio civil. Por lo tanto, cada víctima del crimen tiene el derecho de solicitar un litigio civil para reclamar dinero por los daños de dolor, sufrimiento y pérdidas económicas causados por el crimen. Algunos estados también permiten que la víctima demande restitución civil por medio de una retención o gravamen efectuado al acusado, y haga reclamos de las ganancias que el trasgresor o trasgresora pudiera obtener al vender los derechos de su historia, escribir un libro o vender sus pinturas como lo hizo John Wayne Gacy.

Manejo del caso

Los casos criminales pueden tomar largo tiempo para completarse. La preparación incluye organización de sus materiales para que de esa forma usted tenga fácil acceso a la información importante que pueda necesitar a medida que su caso avance. Es posible que también necesite esta información para usarla en el caso civil, o controlar la información revelada del trasgresor. Organice su material desde lo más antiguo (colocado abajo o atrás) a lo más reciente, y use tapas u hojas de colores para separar los tópicos. Las siguiente sugerencias le ayudarán a mantener un buen registro:

- Seleccione un lugar para mantener sus registros. Consígase, de un negocio donde vendan artículos de oficina, un cajón o una caja con tapa, una carpeta grande o de tres anillos o desocupe un lugar en su escritorio o en su biblioteca.

- Tome cada formulario, folleto o hoja informal que le han ofrecido o que está disponible para las víctimas del crimen. Aunque no esté seguro de que pueda usar los servicios anunciados, tómelos.

- Cuando se encuentre en la estación de policía, o en el hospital, pida copias o folletos y otros formularios para las víctimas del crimen.

- Manténgase en contacto con el centro de asistencia a las víctimas del crimen en crisis o centro de recursos de información. Pídales que le envíen cualquier información pertinente a su tipo de hecho.

- Coloque cada hoja que se relacione a servicios para las víctimas en crisis o emergencia, en una carpeta, sección o pila. Puede necesitar los números de teléfono de líneas de emergencia a media noche o durante una crisis.

- Solicite una copia del reporte policial, y cualquier otro documento de observación legal.

- Contáctese con la oficina del fiscal local o hable con el personal de víctima-testigo para copias de documentos de acusación y leyes relevantes.

- Verifique con la oficina local del Procurador General la dirección de la división de la agencia de gobierno relacionada con las víctimas del crimen, y pídales que le envíen copias de la información sobre compensación y otros programas para las víctimas.

- Separe la información de la policía, fiscal e información legal en diferentes pilas o carpetas.

- Mantenga un registro de cada carpeta. Cada vez que usted se comunique con alguien, escriba con quién ha hablado y haga una breve descripción de la conversación mantenida.

- Tenga un anotador y una pluma con usted cuando se reúna con los funcionarios de justicia criminal y cuando atienda procedimientos en la corte judicial. Tenga presente que si usted toma nota en la corte, el abogado defensor puede querer examinarlas. Confirme con el fiscal antes de hacerlo.

- Mantenga copias de las cartas que usted haya escrito a la policía, fiscales, el Juez o funcionarios correccionales.

- Use un calendario pequeño para tener presente los eventos en su caso. Llévelo con usted a todas las reuniones y audiencias y escriba cualquier aplazamiento o cita futura.

- Use un libro de direcciones pequeño para anotar nombres, direcciones y números de teléfonos de la policía y fiscales, jueces, personal de asistencia a las víctimas, funcionarios de correccionales, agente judicial de vigilancia (de delincuentes en libertad condicional). No dude en solicitar nombre, dirección y número de teléfono. Tome una tarjeta de presentación si está disponible.

A través de su caso, actualice sus registros. No hay necesidad de tener una cantidad de copias de cada ítem: una sola es suficiente. Al organizar sus registros, usted podrá utilizar la información cuando solicite reclamos a la compañía de seguros o formas de compensación para las víctimas, durante el período de testimonio, en la sentencia y audiencia de liberación condicional, o para solicitar un posterior gravamen civil o *demanda civil*.

SUS DERECHOS DE PRIVACIDAD 4

El Sistema de Justicia Criminal está generalmente abierto al público. El concepto de un procedimiento público promueve justicia e imparcialidad al tomar decisiones. Los medios de difusión que transmiten noticias, a menudo, designan reporteros para cubrir noticias policiales y sumarios de procedimientos. Muchas personas recordarán la enorme cantidad de prensa que cubrió el bien conocido caso de O.J. Simpson y Mike Tyson. La teoría es que el público tiene el derecho de saber que es lo que pasa en las cortes para protegerse en contra de abuso por parte del gobierno, que bien podría ocurrir si estuviera permitido realizar procedimientos secretos.

Además del derecho público de saber, la prensa tiene derecho constitucional de acuerdo con la Primera Enmienda, de obtener información y reportar lo que acontece en las cortes. Pero el hecho de respetar a los medios de difusión en esa Primera Enmienda puede crear conflictos con el profundo impacto que el crimen ha ocasionado en el sentido de privacidad de la víctima, su seguridad y protección. La naturaleza pública de los procedimientos de la justicia criminal puede intimidar a algunas víctimas que están en la búsqueda de justicia. Por lo tanto, los estados han intentado balancear los intereses de privacidad de las víctimas con la imparcialidad de los procedimientos criminales.

CÓMO PROTEGER LA PRIVACIDAD DE LAS VÍCTIMAS

Durante los años de 1980, la intensificación de los movimientos por los derechos de las víctimas fue acrecentando la sensibilidad en cuanto a los asuntos relacionados con los derechos de privacidad de las víctimas. Algunos policías cubrían o tachaban la información que identificaba a las víctimas de los reportes policiales. Puesto que la prensa usualmente ha obtenido información sobre identificación de las víctimas o de un crimen de los reportes policiales, el hecho de cubrir esa información podía proteger a la víctima del escrutinio de la prensa, antes del juicio. También algunos miembros de la prensa son sensibles al interés por la privacidad de las víctimas y pueden tener normas internas que prohíben la publicación de nombre y dirección de la víctima, en ciertos casos tales como crímenes sexuales. (Pero en 1980, la Corte Suprema de Estados Unidos de América decidió que la Primera Enmienda requiera que en casi raros casos el juicio criminal tenía que permanecer abierto al público y a la prensa). De este modo, cuando del caso es presentado, los documentos de la corte judicial con la información de la víctima se tornan disponibles para la prensa.

INFORMACIÓN DE LA VÍCTIMA

Algunos estados han respondido aprobando y sancionado legislaciones que podrían prohibir a la policía, fiscales u otros funcionarios públicos revelar esta información a la prensa. De esa forma, la información privada de identificación de la víctima no se convierte en parte de un registro público. Por ejemplo, la ley de Pennsylvania prohíbe que se disemine el domicilio o número de teléfono de la víctima entre otras personas que no sean policías, fiscales o funcionarios correccionales, sin el previo consentimiento de la víctima.

TESTIMONIO

Existe también alguna protección para las víctimas cuando están en proceso de atestiguar en Corte abierta; audiencia pública. En algunos estados, no se puede obligar a la víctima a testificar bajo juramento sus datos personales; domicilio o número de teléfono. Ohio, por ejemplo, permite a un fiscal a buscar una orden judicial para proteger a la víctima de ser obligada a proveer dirección de domicilio, lugar de trabajo, números telefónicos o identificación similar.

CÁMARAS   Las cámaras han invadido las salas de tribunales. A fines del año 1991, 38 estados permitían cámaras en los juicios del mismo modo que en las Cortes de Apelaciones. En algunos estados, solamente se permiten las cámaras en las cortes de apelaciones, pero en otros, como California, es a discreción del Juez. Algunos jueces protegen la privacidad de las víctimas no permitiendo que las cámaras muestren sus rostros en el momento de atestiguar bajo juramento.

SUS DERECHOS Y LOS MEDIOS DE DIFUSIÓN

La elección de hablar con los medios de difusión es de las víctimas. Algunas veces los reporteros pueden ser exigentes, pero una víctima no tiene la obligación de hacer ninguna clase de declaración a la prensa. Por otra parte, algunas víctimas han elegido publicar sus casos haciendo lo posible de llamar la atención por el crimen, o sus tratamientos, y la experiencia con los medios de difusión puede ser catártica para algunas víctimas.

Si usted ha elegido tener una entrevista, recuerde que tiene el derecho de no contestar a ninguna pregunta o poner límites en las algunas áreas de la entrevista. Por ejemplo puede elegir la hora y el lugar de la entrevista. Tiene el derecho a discutir con el reportero sobre el propósito de la entrevista antes de que comience la entrevista. Usted también puede pedirle al periodista que no vaya a ciertas áreas, publique la fotografía, o muestre su rostro o presente ciertas fotografías. También tiene el derecho de hablar solo con cierto reportero y simplemente porque ha hablado con uno no significa que debe hablar con cualquiera que se le acerque. Además puede decidir no comunicarse con los periodistas en cualquier momento que lo desee. Si se siente más cómodo, puede simplemente elegir revelar a la prensa, una declaración por escrito.

Para mayor información y como guía el Centro Nacional de Víctimas del Crimen ha desarrollado pautas para proceder en las entrevistas de prensa y como ser un invitado en un programa de entrevista. Refiérase al Apéndice A para obtener información.

LA DENUNCIA DEL CRIMEN 5

Al denunciar el crimen a las autoridades policiales, se pone en movimiento al sistema de justicia criminal. Un reporte inmediato a la policía proporciona la mejor oportunidad para aprehender al ofensor antes de que las evidencias cruciales se pierdan o se destruyan. Además, una rápida denuncia es muy importante para la prosecución del caso.

Algunas víctimas inmediatamente reportan el crimen. En otros casos, alguien que está de paso, un testigo presencial, un amigo o un miembro familiar llama a la policía. En los casos de violencia entre conocidos, violencia doméstica, violación y abuso de menores, no es raro para la víctima esperar horas, días, meses o aun años antes de notificarle a la policía.

Si bien la policía está previamente entrenada para investigar reportes de crímenes cometidos actualmente, muchos departamentos estimulan a los ciudadanos para que denuncien casos antiguos como una forma de resolver repetidos crímenes. Un criminal puede continuar atacando a las víctimas, desarrollando un patrón a través del tiempo, pero la policía no puede comenzar a reconocerlo como una pauta a menos que las víctimas reporten los crímenes. Aunque la víctima haya esperado muchos años para reportar el crimen, si el ofensor ha continuado cometiendo crímenes, la evidencia de la víctima puede ser usada en un caso criminal para establecer un patrón, o para tomarlo como información que se aplicará en el momento de la sentencia en otro caso más reciente.

PONIÉNDOSE EN CONTACTO CON LA POLICÍA

Una vez que haya llamado a la policía, no vuelva a entrar o pasar por áreas donde el ofensor hubiera estado presente. Esos lugares se convertirán en el *lugar del crimen* y pueden producir evidencia para arrestar al ofensor del delito. Si usted ha sido físicamente agredido(a), o si hay sangre o cualquier otro líquido del cuerpo sobre usted (o dentro de usted), resista la tentación de lavarse inmediatamente. No se cambie de ropa. El hospital deberá analizar esos ítems como evidencia. Si usted ha usado una toalla u otra cosa para limpiarse la sangre, comuníqueselo a la policía para que se pueda utilizar para un análisis.

EL PAPEL DE LOS HOSPITALES Y EL PERSONAL MÉDICO

Si la víctima no reporta el crimen a las autoridades policiales, pero en lugar de ello busca tratamiento médico en un hospital o entidad médica, en algunos estados el hospital tiene la obligación, de acuerdo con las leyes estatales, de notificar a la policía si ha tratado a alguna víctima de un crimen. La víctima puede decidir proceder con los cargos o no, pero la policía irá al hospital.

Los hospitales son una parte del sistema de justicia criminal porque en un hospital se puede reunir la evidencia que haya en el cuerpo de la víctima. Por ejemplo, en el caso de violación, el hospital puede reunir muestras de cabellos, fibras, semen, saliva y sangre que el trasgresor haya dejado sobre la víctima. En muchos estados, ese examen es gratis y algunos estados han regularizado la recolección de evidencias. Si la víctima hace una acusación formal, el hospital presenta la evidencia directamente a la policía.

En el momento del tratamiento no tema preguntar al personal médico acerca de qué tipo de exámenes usted debe someterse. Algunos hospitales tienen personal para casos de crisis o trabajadores sociales que pueden ir a la sala de emergencia y explicarle todos los procedimientos. Otros pueden llamar a las personas que proveen servicios sociales en casos de crisis cuando es requerido. Usted probablemente no alcance a entender todo, pero el tener conocimiento de lo que pasa, le puede ayudar para calmarse.

Si tiene sangre en su ropa, o cualquier otra evidencia del crimen, tomarán su ropa como evidencia. En tal caso necesitará una nueva muda de ropa. Algunas veces, los hospitales tienen ropa cómoda o de otro tipo que pueden facilitarle a las víctimas. Si usted es un miembro familiar o un ser querido asegúrese de llevarle ropa a la víctima. El hecho de tener su propia ropa después de un tratamiento médico puede ayudarle a recuperar el control.

LA INVESTIGACIÓN POLICIAL 6

Las autoridades policiales son responsables de tomar un reporte del crimen, investigarlo, recolectar evidencias y aprehender al sospechoso. La investigación incluye cuestionar a la víctima y a los testigos del crimen, e identificar, recolectar información y analizar evidencias para probar la existencia del crimen. Cualquier ítem de la información que pueda ser utilizado para probar un elemento del crimen es considerado evidencia.

Cuando se llega al lugar del hecho, el funcionario que está a cargo debería comenzar identificándose y determinando qué tipo de crimen ocurrió. Los oficiales de policía están entrenados para practicar técnicas de *intervención en crisis* que están designadas para desarrollar más sensibilidad hacia el estrés de la víctima. El oficial inmediatamente determinará si es necesario un tratamiento de emergencia y se contactará con los servicios de asistencia apropiados.

LA ENTREVISTA A LA VÍCTIMA

El oficial cuestionará a la víctima para obtener información preliminar. Se le pedirá a la víctima que describa qué fue lo que pasó (detalles de fecha, hora y lugar) y que provea información concerniente a la identidad del acusado o descripción. Por ejemplo, el oficial deseará saber cómo el ofensor se contactó con usted. El ofensor probablemente siga un patrón; puede tratarse de un criminal experto que comete crímenes solamente a cierta hora y en ciertos lugares.

Algunas veces, el ofensor puede "probar" a la víctima antes del robo, robo callejero u otro ataque. Esta prueba puede ser una conversación de corto período, como por ejemplo pedirle que le ayude a ubicar un lugar o dirección. Es importante, si fuera posible, que usted recuerde las palabras exactas que ha usado. ¿A qué acciones se dedicó el ofensor? El ofensor puede tener un tic nervioso que serviría como signo de reconocimiento, tal como crispamiento espasmódico de músculo, o temblores. Durante el ataque es importante recordar qué cosas hizo, dijo o tocó el ofensor.

Finalmente, ¿lo ha amenazado el ofensor diciéndole que no llame a la policía o le ha advertido que "él(ella) sabe dónde usted trabaja o vive? Algunas veces, el ofensor puede jactarse de otros crímenes que haya cometido.

Ejemplo: Mientras ocurría el robo, el ladrón pudo haberle dicho "no seas como el otro hombre y me pelees ahora". La policía puede utilizar esa información para tratar de asociar al ofensor en otra área donde se hayan cometido crímenes con patrones similares.

La policía reconoce que el impacto del crimen puede causar que la declaración inicial de la víctima sea confusa y desorganizada. Si el funcionario le hace preguntas de clarificación, no asuma que el oficial está desafiándolo o no le cree. Él o ella simplemente puede necesitar más detalles. Usted probablemente no conozca todas las respuestas ni recuerde ciertos pormenores. Si no sabe o no puede recordarlo, menciónoselo al oficial. No trate de contestar las preguntas con información que usted piensa o imagina. Probablemente recuerde más en la próxima entrevista de seguimiento.

También las autoridades policiales están entrenadas para entender que muchas víctimas pueden expresar sus frustraciones y miedos a través del enojo y pueden descargar, en parte, sus enojos en contra del oficial de policía. Ellos, normalmente no lo toman como un ataque personal.

Luego que el oficial de policía que acudió al llamado ha obtenido la información preliminar, la descripción del sospechoso será difundida entre los otros oficiales del área y comenzará la búsqueda del ofensor. El oficial de policía continuará indagando a otros testigos del crimen.

EL LUGAR DEL HECHO

El *lugar del hecho* es una frase que se usa para describir cualquier área de un crimen en el cual pueden presentarse evidencias que ayuden a probar el crimen. El lugar del hecho puede ser un automóvil, un dormitorio, una casa, un negocio, una sección del bosque, sendero u otro lugar donde ocurrió el crimen. Las autoridades policiales inmediatamente obstruirán el paso en el lugar del hecho. De ese modo, nadie excepto los técnicos para detectar evidencias tendrán acceso, hasta que toda evidencia física potencial se haya reunido. Si el lugar del hecho es afuera, es muy importante que las autoridades policiales inmediatamente clausuren el área para que el tránsito no circule y que el lugar no se convierta en un ir y venir de gente.

El lugar del hecho puede tener evidencias físicas tales como fibras, cabellos, manchas, huellas digitales o pisadas. La víctima puede cooperar con las autoridades policiales identificando el lugar del hecho e indicándoles cómo y dónde el ofensor se puso en contacto con la víctima, los movimientos del ofensor y qué fue lo que se tocó durante el crimen. La víctima también puede identificar qué fue lo que el ofensor tomó al salir del lugar del hecho. Como se ha advertido anteriormente, aun la víctima puede ser parte del lugar del hecho si el delito fue un ataque personal.

Las autoridades policiales recolectarán todos los ítems que puedan contener evidencias y los marcarán para ser revisados por científicos especializados del laboratorio del crimen, los cuales existen en todos los estados. El Departamento Federal de Investigación Criminal o FBI (Federal

Bureau of Investigation), también efectúa análisis de crímenes. El laboratorio recibe la evidencia y científicamente la analiza para determinar qué es y de dónde pudo haber venido.

Ejemplo: En el caso de que la víctima fuera asesinada, las fibras que se han quitado del cuerpo de la víctima pueden ser identificadas como parte de la alfombra de cierto auto de tal compañía y modelo. Entonces se informa de esta evidencia al investigador del caso, quien quizás pueda asociar el tipo de automóvil con el acusado.

EL PAPEL DEL DETECTIVE

Si el ofensor es conocido, la policía intentará ubicar e interrogar a esa persona. Si la víctima o testigos no desconocen la identidad del ofensor y no se encuentra al sospechoso inmediatamente por la descripción dada, se completa un reporte y el caso es usualmente entregado a un detective o investigador para su seguimiento.

El detective o investigador continuará la investigación de los hechos del crimen. Frecuentemente, este oficial tiene más experiencia que el patrullero o el oficial que acude al llamado y seguirá todas las pautas en su esfuerzo por identificar y recolectar evidencias. El detective probablemente necesitará reentrevistar a la víctima. Esta vez, la entrevista será mucho más detallada para descubrir cualquier información adicional que pudiera ayudar en la investigación. Si el sospechoso es desconocido, el detective puede investigar a personas con posibles antecedentes por causas y verificaciones.

LOS DERECHOS DE LA VÍCTIMA

Bajo las leyes de los derechos de la víctima, hay un derecho que se ejercita en muchos estados; es el derecho que la victima tiene de requerir información sobre el estatus de la investigación, y mientras la investigación no se compromete, normalmente las autoridades policiales le proveerán esa información. Si bien la práctica de muchos oficiales de policía es mantener informada a la víctima rutinariamente, es una buena idea escribir una carta al detective o investigador solicitándole que lo mantenga informado del estatus de la investigación (sírvase referirse al Capítulo 3).

Diríjale la carta de solicitud al oficial de policía, usualmente llamado detective o investigador, que esté a cargo de la investigación. Generalmente, éste es el oficial que mantendrá contacto con usted para proporcionarle información actualizada, a medida que el caso progrese, pero algunas veces la víctima debe contactar a la policía local para averiguar a quién le ha sido asignado el caso. Esto permite que el investigador tenga en mente su caso ya que es posible que esté a cargo de otros casos al mismo tiempo. Luego de las entrevistas, periódicamente solicite reunirse con el investigador para hablar del caso.

Debido a que usted tendrá muchas preguntas y experimentará sentimientos que no había tenido antes, puede ser beneficioso que trate de mantener un cuaderno donde escriba sus preguntas y los nombres de las personas con quienes ha hablado en el departamento de policía relacionadas con su caso. También si recuerda cualquier detalle adicional, puede escribirlo y contactar a la policía rápidamente para darle la información. Probablemente ellos no estén conscientes de que usted posee información vital o quizás recuerde alguna cosa que la policía no sabe.

EL ARRESTO AL OFENSOR 7

LA IDENTIFICACIÓN DEL OFENSOR

Las autoridades policiales tienen una variedad de métodos para averiguar la identidad de un posible sospechoso. Si se logra detener al sospechoso cerca del lugar del hecho muy poco después de que haya ocurrido el crimen y la víctima está capacitada, es posible que se le requiera a la víctima que lo identifique por medio de un procedimiento llamado *reconocimiento*. En un reconocimiento, se le muestra el sospechoso a la víctima con el propósito de identificarle. Este procedimiento puede practicarse en presencia del sospechoso, ya sea en el lugar del hecho, en el destacamento policial o la policía puede llevar a la víctima, en el automóvil policial, hasta donde se encuentra el sospechoso.

La víctima puede también acercarse a la estación de policía a mirar la serie de *libros de fotografías de criminales*, o previos ofensores, o ayudarle a un dibujante a componer un dibujo para identificar al sospechoso. Otra posibilidad es que la víctima vaya a la estación policial y asista a un procedimiento llamado *desfile de sospechosos*.

PROCEDIMIENTOS DEL DESFILE DE SOSPECHOSOS

El desfile de sospechosos se realiza en persona o a través de fotografías. Muchas víctimas temen participar en el desfile en persona, porque piensan que el sospechoso los puede ver. En un desfile de sospechosos físicamente presentes, varias personas que coinciden con la descripción general están literalmente alineados con el sospechoso.

La víctima observa al sospechoso a través de un vidrio espejado de un lado, o con otro dispositivo que le permite a la víctima ver a los individuos sin ser visto por ellos. Si el sospechoso ha sido culpado del crimen, él o ella posee el derecho de tener a un abogado presente. Al abogado del sospechoso se le permitirá observarle a usted en el momento en que está examinando el desfile de los sospechosos participantes.

El detective policial deberá explicarle primero los procedimientos a seguir durante el desfile, y deberá mantenerle fuera de la vista del ofensor. Si está preocupado, no dude en pedirle al oficial que permanezca cerca suyo durante el proceso de identificación. El oficial le preguntará si reconoce a alguno de los individuos, y si es así, le preguntará por qué o cómo es que le reconoce. Tómese su tiempo para volver a mirarlos, y si puede identificar al ofensor, hágalo claramente. De esta manera se establece la identificación del acusado como el ofensor sin ninguna insinuación por parte de la policía.

En jurisdicciones pequeñas donde el desfile de individuos en persona no se puede realizar, se usa la presentación de fotografías. Se le muestra a la víctima una serie de fotografías representando individuos de apariencia similar. Luego se le formulan a la víctima las mismas preguntas que en el procedimiento de identificación personal.

LOS OFENSORES DESCONOCIDOS

Si la víctima no conoce la identidad del ofensor y no puede reconocerlo a través del libro, de fotografías de delincuentes, la policía deberá hacer uso de los nuevos avances científicos en el intento de identificar al trasgresor. Por ejemplo, se usa ADN(ácido ribonucleico) como una nueva evidencia de huellas digitales. El ADN identifica a una persona por sus genes, porque cada persona tiene su único ADN. Si el ofensor(a) dejara su ADN en el lugar del hecho mediante sangre, saliva o semen, las autoridades policiales pueden recolectarlo y enviarlo al laboratorio de crímenes para su identificación.

EL ARRESTO DEL OFENSOR

Una vez que se ha reunido información suficiente, si se puede encontrar al ofensor, la policía deberá arrestar al sospechoso(a). Al arrestarlo, se le leerá al acusado sus derechos llamados Miranda, los cuales le permiten permanecer en silencio y conseguirse un abogado. Si el acusado decide no hablarle a la policía, no pueden continuar interrogándole. Si el acusado escoge hablar, cualquier declaración que haga será investigada minuciosamente luego, para determinar si los derechos del acusado han sido violados y si la declaración fue hecha voluntariamente.

Luego del arresto, la policía continuará recopilando evidencias para reunir los elementos legales del caso.

Ejemplo: En el momento del arresto, el cuerpo del ofensor será examinado al igual que su ropa para determinar posibles evidencias. La policía tomará la ropa como potencial evidencia. Probablemente le tomen fotografías al ofensor para mostrar cualquier marca que pueda identificarle, o heridas que la víctima pudiera haberle causado al tratar de defenderse.

La policía continuará con la búsqueda de cualquier propiedad que le haya sido quitada a la víctima. Por ejemplo, si el cargo está basado en invasión a la propiedad y se han robado varios ítems, la policía los buscará y tratará de recobrar cualquier de las cosas robadas para usarlas como evidencia del caso. Toda persona tiene el derecho de protección en contra de búsquedas irrazonables o confiscación y es posible que se requiera que la policía obtenga una orden judicial para reunir algunas de esas evidencias.

¿QUÉ PASA SI LA POLICÍA NO HACE NINGÚN ARRESTO?

En incontables casos, la policía no arresta al sospechoso. Probablemente porque no hay suficiente evidencia de todos los elementos legales requeridos en un crimen o quizás el ofensor nunca sea identificado. Si la policía tiene suficiente evidencia, es probable que el ofensor se haya escapado de la jurisdicción o haya ido a esconderse para evadir el arresto. Si la policía no ha hecho el arresto, una vez que el sospechoso es reconocido o se sabe su paradero, la víctima puede solicitar que la policía continúe con la investigación para que se descubra nueva información. La víctima debería solicitar también encontrarse con el investigador para saber por qué no se ha llevado a cabo el arresto. Si la víctima no puede reunirse con el investigador, debería solicitar una entrevista con el Jefe de Detectives, un Capitán o quizás con el Jefe de Policía para pedir explicaciones. Si la policía no pudiera arrestar al sospechoso, la víctima puede dirigirse al fiscal local o contactarse con la oficina del Procurador General para requerir asistencia.

La presentación de los cargos 8

La decisión de acusar legalmente

Debido a que al gobierno le corresponde procesar un caso criminal, la decisión final para demandar un cargo estatal, recae en el fiscal del Condado o la Ciudad (también conocido por otros nombres tales como el Fiscal del Distrito Judicial, el Fiscal del Condado, Fiscal del Distrito o Municipio, o el Procurador del Estado). En caso de cargos federales la decisión recae sobre la Oficina del Ministro de Justicia de EE.UU. Por delitos graves, una vez que la policía haya completado su investigación, el expediente y todos los reportes son entregados a la oficina del fiscal para su consideración. En algunas jurisdicciones en casos de crímenes menores, la policía puede recomendar que se entablen los cargos, o puede presentar acusación formal del delito si un oficial de policía atestigua la ofensa. Similarmente, la víctima también puede demandar cargo por delito menor en contra del acusado, presentándose ante un oficial de la corte y requiriéndole que el cargo sea presentado. En todos los casos, el fiscal representa al gobierno.

EL EXAMEN DEL CASO

El fiscal tiene mucha discreción al decidir qué cargos efectuará, y la ley puede permitir que él seleccione los cargos cuando existen diferentes posibilidades. Por ejemplo, dado el caso, un fiscal puede decidir acusar de delito menor en lugar de delito grave. El fiscal también puede decidir no acusar en absoluto, generalmente basado en una o más de las siguientes circunstancias:

- duda razonable de la culpabilidad del sospechoso;

- el principal testigo se muestra renuente a atestiguar;

- cooperación por parte del acusado en el arresto de los otros;

- el elemento legal del caso no está presente; o,

- las circunstancias del crimen son tales que es improbable que el jurado pueda condenar.

Si se toma la decisión de no procesar, algunas oficinas importantes de fiscales han establecido un proceso para rever el caso, algunas veces llamado *revisión de procedimientos* (en delitos graves). Si usted cree que el fiscal no ha reunido todas las evidencias o ha fracasado en el intento de considerar una pieza crucial de información, podrá requerir una revisión y el fiscal debería reconsiderar entablar una acusación en vista de evidencia adicional. Si el fiscal aun así continúa manteniendo la resolución de no presentar cargos, considere la posibilidad de contactar al jefe de la oficina de fiscales o al Procurador General en su estado para recibir asistencia en el caso.

LÍMITES DE TIEMPO

A excepción de asesinato, casi todas las ofensas tienen un límite de tiempo en el cual se deben presentar las acusaciones en contra del sospechoso. Hay excepciones para los límites de tiempo, y cada estado varía en la limitación del período que es permitido para presentar cargos por crímenes. Estos límites de tiempo están en la *ley de prescripción*; y se conocen con el nombre de *estatuto de limitaciones*, ya que literalmente limita el tiempo dentro del cual se puede presentar legalmente el cargo. Aun en los casos en que la infracción tiene un límite de tiempo, hay excepciones para los estatutos de limitaciones.

Ejemplo: Si el sospechoso se fuga de la jurisdicción antes de que él o ella pueda ser arrestado(a), el período de tiempo se suspende mientras el sospechoso se encuentra ausente del estado.

CASOS ESPECIALES
Muchos estados han extendido el período de tiempo para los casos en los cuales la víctima es un niño(a) y para cierto tipo de ofensas sexuales. Estos crímenes causan serios traumas que pueden impedir que la víctima reporte el crimen a las autoridades por un largo período de tiempo. Únicamente cuando la víctima sea adulta, puede ser que reporte el crimen a la policía sin riesgos. Una cantidad de estados ha extendido el límite de tiempo para la acusación de este tipo de crímenes.

LOS CARGOS EN SU CASO

Para entender qué crímenes son presentados en su caso, debe obtener la citación estatutaria exacta, la cual se listará en la presentación de cargos en contra del ofensor. Solicítele una copia de los cargos al fiscal que actúa en su caso o al coordinador del programa testigo-víctima. Con los números de las secciones estatutarias usted puede encontrar el código criminal del estado, el cual registrará los elementos y las sentencias posibles para cada crimen.

PROCEDIMIENTOS PREVIOS AL JUICIO

Frecuentemente, los procedimientos previos al juicio determinan la fuerza de la prosecución y el caso de defensa, y motiva reducir los asuntos que se puedan suscitar en el juicio. Esta es la parte más larga de un caso criminal y puede tomar más de un año para completarlo. Los críticos del sistema de justicia criminal han sostenido que es muy triste para las víctimas tener que esperar tanto para la resolución de sus casos, y en algunas jurisdicciones han habido intentos para agilizar el proceso. No obstante, el acusado a menudo se beneficia al extender el tiempo, esperando que la víctima se canse o quizás que se mude no dejando ninguna dirección futura.

EL PAPEL DEL JUEZ

El Juez preside el caso criminal. Hoy día la mayoría de los jueces son abogados con experiencia en los juicios criminales. Cuando se plantea un problema legal, el Juez toma la decisión basado en las leyes, procedimientos y decisiones sobre casos previos. Él o ella tiene la obligación de permanecer imparcial y ver que el proceso criminal de justicia sea razonable y justo para todos los participantes. Esto significa que el Juez no puede tomar partido.

Si se ha requerido la participación de un *jurado*, el Juez debe supervisar la selección del jurado para asegurarse que se elija un jurado paritario para el acusado. El Juez determinará si el estado tiene suficientes pruebas para proceder con el juicio y también es quien aprueba los aplazamientos. Una vez que el jurado ha sido escogido, el Juez determina qué evidencias pueden ser escuchadas, supeditado a las leyes criminales aplicables y a los reglamentos de procedimientos. Si no se requiere la participación de un jurado, el juicio se llama *tribunal de juicio*, y el Juez decidirá ambas cuestiones de hechos y de derechos.

Todos los estados tienen reglamentos de evidencia y procedimiento que gobiernan al fiscal y a la defensa con relación al interrogatorio de la víctima y otros testigos. Si un lado objeta la pregunta, es el Juez quien decidirá si el testigo debe contestarla.

LOS DERECHOS DE LA VÍCTIMA

En la mayoría de los estados, la víctima tiene el derecho de conocer el estatus de su caso antes del juicio. En algunos estados, los fiscales automáticamente notifican a la víctima de las fechas pendientes, pero también es común que la víctima solicite información. Si su estado requiere que usted solicite esta información, asegúrese de poner su solicitud por escrito.

En muchos estados, las leyes sobre los derechos de la víctima permiten que la víctima esté presente durante el proceso judicial, sujeto a las reglas de evidencia, sobre la misma base que el acusado, o liberado a discreción del Juez. Los reglamentos de la evidencia regulan si el testigo puede estar presente. Por ejemplo, a menudo las cortes permiten, al fiscal o por moción de la defensa, excluir a los testigos en el caso donde un testimonio del testigo pudiera estar desapropiadamente influenciado por haber presenciado la testificación de otro testigo.

Si la defensa trata de excluirle de los procedimientos judiciales, haga una solicitud verbal o escrita al fiscal para permitir que usted pueda estar presente en la sala de tribunal. A menos que la defensa pueda demostrar una razón válida por la cual debería permanecer afuera, usted debe tener la posibilidad de estar presente.

Además algunos estados le permiten tener una persona de apoyo presente en la corte judicial. La misma objeción podría ser formulada si la defensa tratara de sacar a la persona. El Juez tomará la decisión final si usted puede estar presente y en qué circunstancias.

Las víctimas tienen el derecho de estar libres de intimidación y acoso ilegal mientras están asistiendo al proceso judicial. Un área protegida o sin riesgo donde la víctima pueda esperar significa una sala separada, o puede esperar en la oficina del fiscal o en la oficina de la coordinadora del programa víctima-testigo; también puede significar esperar en una sala u oficina del jurado que no esté ocupada. Si no hubiera una previsión hecha por adelantado, puede pedirle al fiscal que lo dirija hacia un área que minimice el posible contacto con el acusado, su familia y sus amigos mientras usted espera la audiencia. Si usted o su familia han sido acosados ilegalmente, amenazados o lastimados en cualquier momento durante el proceso criminal, inmediatamente notifique a las autoridades policiales y al fiscal; para que así puedan tomar la acción apropiada que lo proteja a usted y su familia.

EL DERECHO A UN PROCESO SIN DEMORA

El acusado tiene el derecho a un proceso imparcial sin demora, el cual está definido por la ley. El período de tiempo es más corto si el acusado permanece en la cárcel esperando el juicio. El acusado puede demandar que el estado cumpla el límite de tiempo y si falla, el caso se disolverá y el acusado será puesto en libertad. Si el estado violara los derechos de proceso sin demora del acusado, no se puede volver a procesar al acusado, ya que entonces se violarían los derechos que establece la Constitución de los EE.UU. Sin embargo, en muchos casos el acusado solicita un aplazamiento, y se le requiere que renuncie a sus derechos de proceso sin demora, al menos por el período de retraso que él o ella solicitara.

Algunos estados han provisto que la víctima tiene el derecho a una *disposición* (resultado) *sin demora*. Este derecho no tiene convenido el mismo peso que los derechos del acusado, pero puede otorgarle a la víctima el derecho de objetar demora, o que el fiscal incremente el efecto que causan los aplazamientos para la víctima. Algunos jueces se vuelven más sensibles hacia las necesidades de las víctimas cuando determinan otorgar aplazamientos. La violación del derecho de la víctima para una disposición sin demora no resultará en cerrar el caso o dejar en libertad al acusado.

ACUSACIÓN— COMPARECENCIA INICIAL DEL ACUSADO

En un corto tiempo después del arresto, el demandado, ahora llamado el acusado, se presenta frente al Juez para una comparecencia inicial llamada *acusación*. El proceso de acusación le informa al acusado de los cargos que se le acusa y también le provee la oportunidad de hacer una alegación de culpabilidad, inocente (sin culpabilidad), o sin disputa.

Si el acusado se alega *culpable*, admite los cargos y puede originar una condena en contra de él. Una alegación de inocencia (sin culpabilidad) significa que el caso continuará para el juicio. En una alegación *sin disputa*, o *nolo contendere* (Lat.) o *no lo desafiaré*, el acusado no admite nada y está de acuerdo que la Corte Judicial le fije una condena en su contra (nolo contendere significa "no lo desafiaré"). Un alegato sin disputa es favorable para el acusado porque los hechos del caso no están probados y por eso no pueden usarse en un futuro juicio civil como evidencia o culpabilidad. Si el acusado no responde o no formula alegación alguna, se presumirá que la alegación es inocente (sin culpabilidad).

En la primera audiencia, será asignado un abogado para el acusado si él no pudiera afrontar los gastos de un asesor legal privado. El acusado tiene el derecho de que se le lean los cargos, pero muchos acusados renuncian a ese derecho. Es muy probable que el acusado alegue inocencia. Cuando la fianza no ha sido preestablecida, el Juez toma la decisión de otorgarle o negarle la fianza al acusado. Es muy probable que, en ese momento, se fije la fecha para la próxima audiencia, generalmente llamada *audiencia preliminar*.

LA FIANZA

La mayoría de los acusados tiene la posibilidad de liberarse de la demanda durante el período en que el juicio está en trámite. La fianza es el método por el cual un acusado proporciona dinero u otra garantía para asegurar que volverá a la corte. El *bono* es el documento que el demandado firma identificando lo que puso como garantía (por ejemplo: dinero, la casa, etc.). En los casos más leves, la liberación de demanda previa al juicio está permitida sin tener que depositar fianza y la fianza está generalmente disponible para muchos de los acusados que tienen cargos por haber cometido un crimen. Las excepciones varían de acuerdo con las leyes del estado, pero generalmente cierto tipo de cargos por asesinato se consideran delitos, en cuyo caso no se permite fianza. Originalmente, el propósito de la fianza era para asegurarse que el acusado retornase a la corte para el juicio; la suma fijada para asegurar el retorno del acusado era suficientemente alta, sin ser excesiva, ya que podría violar los derechos constitucionales del mismo. Hoy día cuando se determina la fianza, adicionalmente al propósito de asegurar que el demandado se presente en el juicio, se considera también la protección del público.

LA AUDIENCIA
DE FIANZA

La suma de la fianza está establecida para ciertos crímenes; de ese modo, el acusado(a) sabrá exactamente cuánto debe presentar para liberarse de la demanda. Si el acusado(a) puede presentar fianza, puede quedar libre durante un corto período después de haber sido arrestado. Muchas víctimas se sorprenden de ver al acusado en libertad por la calle un día después del arresto.

En casos serios de delitos graves, normalmente la fianza no existe, y una audiencia de fianza tendrá lugar para determinar la suma y condiciones de la misma. En una audiencia de fianza la Corte Judicial considerará:

- a naturaleza y circunstancias del crimen, incluyendo si éste fue cometido por la fuerza, las armas, el impacto y daños ocasionados a la víctima;

- la probabilidad de que la prosecución pueda elevar los cargos hacia una ofensa mayor;

- el intento, si lo hay, de que el acusado evite la prosecución;

- la conexión del acusado con la comunidad;

- la historia criminal del acusado;

- la posible sentencia por el cargo debido a la ofensa; y,

- la relevante información de la víctima.

Hoy, el fiscal puede presentar evidencias concernientes a la peligrosidad del acusado, y el Juez considerará si el acusado es una amenaza para la víctima, la familia de la víctima, o el público, decidiendo si se otorgará la fianza. En California, por ejemplo, la protección del público es la preocupación primordial para considerar una fianza.

El miedo generalizado del acusado no será suficiente, pero la presencia de amenazas hechas por el acusado durante el crimen, o de acciones de la familia del acusado o amigos para intimidar a la víctima deberían presentarse al fiscal para que tome atención antes de la audiencia de fianza; de ese modo, el Juez puede tomar eso en consideración cuando determine si otorgará la fianza. Si el acusado le ha amenazado o usted tiene razones para temer que el acusado sabe donde trabaja o vive, solicítele al fiscal que hable con el Juez para que le niegue la fianza al acusado.

Si se le concede la fianza al acusado(a), él o ella deberá presentar un bono. En raros casos el *bono* es la palabra del acusado que promete que volverá. El acusado, a quien se le permite firmar por su liberación de demanda, se dice que fue liberado en su propio *reconocimiento*.

Muy probablemente el acusado tendrá que emitir un bono monetario. La cifra exacta del bono depende de la ley del estado; excepcionalmente éste puede ser emitido por algún porcentaje de la cifra total, y puede ser depositado en dinero, propiedad u otros artículos de valor. En algunas jurisdicciones se le permite al acusado emitir un porcentaje de la suma de la fianza ordenada por la corte. La corte esta capacitada para cobrar un honorario de administración y retornará el depósito si el acusado reúne las condiciones del bono. Si el acusado no las reuniera, la suma completa ordenada por la corte será decomisada.

La fianza es normalmente mayor que el delito grave dada la seriedad del crimen. Si el acusado no puede depositar la suma requerida o si se le niega la fianza, permanecerá en la cárcel mientras espera el juicio.

Si el acusado está afuera bajo fianza pendiente de juicio, cada estado tiene ciertas condiciones que debe cumplir, y condiciones adicionales que serán requeridas por el Juez para que el acusado permanezca libre. Las condiciones obligatorias comúnmente incluyen que el acusado:

- se presente a todas las citas de la corte;

- cumpla con todas las órdenes de la corte;

- permanezca en el estado donde el juicio está pendiente; y,

- no cometa ningún crimen mientras el juicio está en trámite.

CONDICIONES DE FIANZA

Si el fiscal muestra evidencias para que otras condiciones sean necesarias para proteger a la víctima, la familia de la víctima, o el público ante le juicio, la corte puede incluir otros artículos tales como que el acusado:

- no posea armas de fuego;

- se contenga de comunicarse con la víctima o la familia de la víctima;

- se contenga de seguir a la víctima o de aparecérsele en la escuela o trabajo;

- se abstenga de beber alcohol o usar drogas;

- se someta a un tratamiento para alcohol o drogas;

- participe de reuniones de consejería;

- consiga o mantenga el trabajo;

- asista a una institución educacional;

- mantenga económicamente a las personas que están a su cargo;

- observe el toque de queda;

- permanezca bajo custodia de otra persona o agencia;

- sea supervisado(a) por otra persona o agencia; y,

- desocupe la casa familiar (si la víctima es un miembro familiar).

En Utah, la víctima tiene el derecho de comparecer ante el Juez para proveer opiniones sobre temas relacionados con la liberación del acusado. Sin embargo, en muchos estados, el fiscal está encargado de presentar evidencias sobre la peligrosidad; por lo tanto, asegúrese de decirle al fiscal antes de la audiencia que incluya como condición de fianza que el acusado permanezca lejos de su trabajo, hogar o familia.

Consígase una copia del listado de órdenes judiciales donde están las condiciones de liberación de demanda previas al juicio. Si usted cree que el acusado ha violado cualquiera de las condiciones, comuníquele al fiscal inmediatamente. Llame a la policía si la violación es inmediata, así usted puede obtener ayuda y se puede grabar la violación. Cuando el demandado viola las condiciones de libertad antes del juicio, él o ella pueden perder el derecho de libertad mientras están esperando el juicio.

AUDIENCIA PRELIMINAR

Esta audiencia es normalmente llevada a cabo poco después de la comparecencia inicial del acusado. El propósito de la audiencia es para determinar si existen causas probables de que el crimen fue cometido y que el acusado cometió el crimen. Esta audiencia tendrá lugar ante el Juez. El oficial de policía testificará y la víctima puede ser llamada como testigo.

El acusado no debe presentar ningún testigo(recuerde que él no tiene peso de la prueba para su caso) pero tiene el derecho de interrogar sobre lo declarado acerca de cualquier testigo de prosecución en esta audiencia. Luego de que los testigos se hayan presentado, el Juez determinará que hay suficientes evidencias para continuar el juicio, o dejará sin lugar el proceso y liberará al acusado.

MOCIONES EN EL JUICIO PREVIO

Muchos de los casos de la Corte Criminal se atrasan por un período considerable de tiempo mientras el Estado y el acusado investigan el caso. Ambos pueden solicitar información y pueden presentar *moción* para descubrir la información. Las mociones son simplemente requerimientos orales o escritos dirigidas al Juez. Las mociones pueden contener cargos, testimonios o evidencia. Muchas mociones no requieren la presencia de la víctima, tales como las mociones dirigidas con la validez legal de los cargos, o mociones para admitir otras evidencias de crímenes. Aun así, en algunos estados, una notificación de la fecha y hora de audiencia de esta moción debe ser provista a la víctima. Las mociones comunes incluyen:

MOCIÓN PARA DEJAR SIN LUGAR EL PROCESO

Una moción para dejar sin lugar un proceso puede ser efectuada por el Estado o el acusado. Algunas veces el Estado escogerá proceder sobre unos pocos de los muchos cargos, y de ese modo se puede dejar sin lugar el proceso del resto en algún momento previo al juicio. El acusado puede también pedir a la corte una moción para dejar sin lugar el caso basándose en que el cargo es defectivo porque falla en reunir los requisitos legales. Un acusado puede también pedir moción para dejar sin lugar el proceso cuando el Estado falló en reunir sus derechos para un proceso imparcial sin demora.

MOCIÓN PARA OMITIR EVIDENCIA

El acusado puede hacer una moción para omitir la introducción de evidencia de su arresto o su identificación por parte de la víctima. Esta moción la hace el acusado para prevenir que el Estado utilice una confesión u otra evidencia obtenida en violación de los derechos del acusado. Por ejemplo, el acusado puede argumentar que la confesión no fue voluntaria, o que se le negó el derecho a un consejero legal, o que los ítems fueron obtenidos en una inspección o confiscación irrazonable que se le hizo a él o ella. Si tal moción fuese otorgada por el Juez, el Estado no podría usar esa confesión o ítem como evidencia en contra del acusado en el juicio. Con optimismo, la otra evidencia en contra del acusado será suficiente para una condena.

MOCIÓN POR
APLAZAMIENTO

Los juicios pueden continuar por razones legítimas, como una demora para analizar evidencias o por inaccesibilidad del testigo, pero muchos casos continúan por requerimiento del acusado como una estrategia para hacer que la víctima abandone el caso. Los jueces están entrenados para hacer un escrutinio de las razones de solicitud de aplazamientos. En algunos estados se otorga consideración especial a los efectos que un aplazamiento ocasiona a la víctima.

Ejemplo: En Ohio, la víctima puede objetar una considerable demora de procedimientos, y a petición, el fiscal presentará una moción en la corte para considerar los deseos de la víctima.

MOCIÓN POR
CAMBIO DE JUEZ
O CAMBIO
DE TRIBUNAL

Si el Juez es prejuicioso o si, por ejemplo, la publicidad del juicio previo es tan prejuiciosa que el acusado no puede obtener un juicio justo, esta moción puede ser presentada solicitando cambio de Juez o cambio de lugar del juicio.

MOCIONES POR
DESCUBRIMIENTO

Estas mociones son comunes para la investigación de evidencia. Muchas mociones se relacionan con la identificación, análisis, o producción de evidencia científica o forense. Algunas mociones pueden incluir un interrogatorio en torno a identificación y calificación de testigos expertos.

Con relación al descubrimiento de información concerniente a la víctima, el Estado aplica diferentes planteamientos. Las víctimas pueden generalmente negarse a hablar o a ser entrevistados por el acusado(a) o los investigadores por parte de la defensa. En algunos estados, sin embargo, se le puede requerir a la víctima, u ordenar que asista, a una deposición para prestar declaración jurada ante la persona que registra los sucesos que se llevan a cabo en la corte (relator). En otros estados, las deposiciones no son permitidas en la corte criminal. Para proteger sus víctimas, una enmienda constitucional de Arizona provee que la víctima puede rechazar una entrevista, deposición u otros requisitos del descubrimiento.

El acuerdo con el fiscal

10

El acuerdo con el fiscal ha existido en alguna forma en EE.UU. desde los comienzos del 1800. Hoy día, no es raro para algunas jurisdicciones resolver el 80-90% de sus casos graves a través del acuerdo con el fiscal. Se llama acuerdo porque el estado y el acusado reciben algún beneficio en el arreglo. El Estado no tiene que arriesgar el juicio y la posibilidad de perder (y el acusado obtiene al menos algún castigo y un antecedente criminal); el acusado no tiene que arriesgar una larga o más severa sentencia. El Juez debe aprobar el acuerdo antes de que éste pueda entrar en la corte. El Juez puede negar un acuerdo con el fiscal.

TIPOS DE ACUERDOS CON EL FISCAL

Hay dos tipos importantes de acuerdos con el fiscal. El primero es el que el acusado negocia para dejar impune ciertos cargos, de modo que sólo le queden pendientes cargos menores.

Ejemplo: Si el acusado tiene dos cargos—una invasión a la propiedad con una posible sentencia de 6 a 30 años y un robo con allanamiento de la morada, con una posible sentencia de 3 a 7 años—alegando culpabilidad de robo con allanamiento de la morada a cambio de dejar sin lugar a proceso el cargo por invasión a la propiedad, el acusado ha reducido la potencial sentencia a un máximo de 7 años (en lugar de 30 años).

El segundo tipo comprende un acuerdo entre el Estado y el acusado por una sentencia particular a cambio de una alegación de culpabilidad (defensa). En el ejemplo, el Estado y el acusado podrían acordar que el fiscal pidiera no más de 15 años de condena sobre la invasión a la propiedad (en lugar de los posibles 30 años) y 3 años en el caso de robo con allanamiento a la mora da (en lugar de 7 años).

PROCEDIMIENTOS

Las negociaciones de alegaciones muy frecuentemente toman lugar al principio del caso. De esta manera, el acusado "prueba" la seguridad del fiscal, al reconocer si el Estado juzga sus casos como bien establecidos o el Estado puede "probar" al acusado al ver cuán prontamente se puede terminar el caso. Por ejemplo, si el fiscal siente que la evidencia no es muy convincente o que la víctima titubea, el Estado prontamente conviene un acuerdo con el fiscal.

Similarmente, si el acusado no se siente confidente de su habilidad para ganar un juicio, pero puede conciliar una sentencia menor o lograr que le reduzcan los cargos, el acusado debe estar de acuerdo en alegarse culpable. Cuanto más pronto se ofrezca, es mayor la posibilidad de que esto le resulte diligente, pero el acuerdo con el fiscal quizás pueda lograrse en cualquier momento, aun en la mitad del juicio.

El acusado tiene ciertos derechos constitucionales al hacer una alegación, la cual debe ser hecha en forma voluntaria. Por lo tanto, aunque el Juez apruebe el acuerdo, habrá una corta audiencia ante un relator de la corte en el cual el acusado será interrogado para que reconozca la comprensión de su alegación.

EL PAPEL DE LA VÍCTIMA

A raíz del crítico impacto que una alegación de culpabilidad tiene en la víctima, actualmente los estados permiten o requieren que los fiscales consulten o conferencien con las víctimas antes de que el acuerdo sea efectuado. Algunos estados requieren que los fiscales consideren las preocupaciones de las víctimas antes de involucrarse en las negociaciones de alegación (actualmente estos estados son: Arizona, Illinois, Kentucky, Montana, New Hampshire, Ohio, Pennsylvania, South Carolina, South Dakota, y West Virginia). Al menos un estado, (Maine), requiere que el fiscal declare en la Corte Judicial los deseos de la víctima antes de que el acuerdo sea aprobado por el fiscal.

Para incluir la información del impacto en la víctima, algunos estados requieren que la víctima prepare una declaración del impacto en la víctima. Refiérase a la sección en el Capítulo 12 sobre " Declaración del Impacto en la Víctima" para más detalles de lo que debería incluirse en tal declaración.

EL JUICIO CRIMINAL 11

Si el acusado no alega culpabilidad, el caso irá a juicio. La Constitución de los EE.UU. (que es la Constitución Federal) le requiere al gobierno que siga ciertas regulaciones antes que la persona sea condenada por un crimen, y esto ha ocasionado que se tengan que pasar una cantidad de leyes que protejan los derechos del acusado. La prosecución de un caso criminal se realiza por un proceso *adversario*, lo que significa que ambas partes pueden presentar evidencia para probar la culpabilidad o la inocencia del acusado.

EL ESTADO QUE ENJUICIA EL CASO

Como el Estado está primero, éste elige el orden en el cual testificará el testigo en contra del acusado. Dependiendo en el tipo de caso, y en una evaluación de la evidencia disponible, el fiscal puede dejar que la víctima testifique primero, pero también puede llamar a otros testigos para "preparar el campo de acción" para el testimonio posterior de la víctima. Los típicos testigos incluyen oficiales de policía que han investigado el caso, técnicos de laboratorio quienes han recopilado y analizado la evidencia, testigos presenciales y expertos que pueden asistir al Juez o jurado a comprender la evidencia que sea presentada.

La víctima como testigo

La víctima puede ser el testigo primario del Estado en el caso y regularmente se le requiere testificar en el juicio. Usted posiblemente haya esperado un largo tiempo para que llegue ese día. Ahora que ha llegado, probablemente esté nervioso y quizás atemorizado. Es posible que tenga experiencia en testificar en la audiencia preliminar o en alguna moción previa, pero esto fue hace un tiempo.

Las emociones experimentadas durante el crimen pueden ser reavivadas en la audiencia de la corte. Por ejemplo, el enfurecimiento, el miedo y el odio pueden interferir con su habilidad para contar la historia. Hoy usted se enfrentará con el ofensor en la corte. La familia del acusado y amigos posiblemente también estén en la sala de juicio observándole. La mejor manera de sobrellevar el temor es estar preparado.

Le ayudará si el fiscal le prepara, pero usted debería intentar familiarizarse con los procedimientos de la corte. Si es posible, haga una visita a otras salas de tribunales para observar el testimonio de otros casos que no estén relacionados. Algunas veces, el personal del programa víctima-testigo en la oficina del fiscal puede dedicarle tiempo para dar una visita a la sala del tribunal en la cual usted probablemente presentará su testimonio. Hasta los programas documentales televisados en las salas de tribunales le ayudarán a visualizar el procedimiento de la corte. Observe cuidadosamente el comportamiento del testigo que está testificando y especialmente esté alerta al papel del abogado defensor y de las estrategias que utiliza al definir el caso.

El comportamiento de la víctima al testificar es muy importante. Algunas veces, en el esfuerzo por permanecer en calma y en control, el jurado puede juzgar que la víctima está sumamente emocional para ser genuino(a). Pero si la víctima está demasiado relajada, el abogado defensor puede usar ese hecho en contra de él o ella.

Para que usted esté preparado para testificar, el fiscal posiblemente le sugiera que:

- diga la verdad;

- no ofrezca información voluntariamente;

- no utilice drogas o alcohol para calmarse los nervios;

- no se memorice el testimonio;

- sea honesto y hable claramente;

- si no está seguro de la pregunta, dígalo;

- mire a los ojos al Juez o jurado cuando conteste las preguntas;

- escuche atentamente cada pregunta antes de contestar;

- vístase de manera conservadora;

- entienda que la meta del abogado defensor es desacreditarle a usted;

- si no se puede contestar una pregunta con un sí o no, dígalo o explique que usted debe dar dos respuestas para las dos partes de la pregunta;

- no adivine cuando contesta las preguntas. Si desconoce la respuesta, diga simplemente "No lo sé";

- si fuera interrumpido antes de terminar su respuesta, pregunte si puede terminar su primera pregunta antes de responder la nueva pregunta;

- objeciones: tanto el fiscal y el abogado defensor tendrán objeciones. Si es así, pare de hablar y deje que el Juez decida sobre la objeción presentada;

- no siga las órdenes o instrucciones del abogado defensor; solamente el Juez puede impartir órdenes;

- no discuta con el abogado defensor; y,

- controle su ira.

Si esto pareciera que es mucho para recordar—sí lo es. Pero haga todo lo que pueda. Usted sabe lo que pasó, así que dígale de la mejor manera posible todo lo que pueda al Juez y al jurado. Recuerde que usted no controla todas las reglas y procedimientos, pero está en control de usted mismo.

LA DEFENSA DEL CASO

Después de que el Estado complete su caso, el acusado tiene el derecho de presentar su evidencia a través de los mismos métodos. El acusado puede presentar testigos con *coartadas* o testigos que ataquen la evidencia ofrecida por el Estado. En los casos criminales, sin embargo, el acusado tiene derechos constitucionales para no testificar y el Estado puede no proponer ninguna razón porque el acusado falle en testificar. El Estado tiene el mismo derecho que el acusado para interrogar nuevamente al acusado sobre lo declarado.

LA SENTENCIA

La sentencia sirve tres propósitos: castigo, refrenamiento, y reivindicación. Las pautas para la sentencia federal se aplican sólo en casos tratados por la Corte Judicial Federal y cada estado tiene el derecho de designar su propio esquema de sentencias. Los estados pueden seguir esquemas de sentencias *indeterminadas* en las cuales el Juez sentencia al acusado por un límite de años, excepto que el Tribunal de Libertad Condicional puede dejar en libertad al acusado luego de un cierto periodo de tiempo.

Ejemplo: Si el Juez sentencia al acusado de tres años a toda la vida en prisión, el Tribunal de Libertad Condicional puede dejar en liberad al acusado luego de que este demuestre reivindicación, aunque el ofensor no haya cumplido el mínimo de tiempo establecido.

En un esquema *determinado*, el límite de la sentencia es establecido por la ley del estado y el Juez puede sentenciar al acusado dentro de ese límite. La libertad condicional no es permitida para los acusados en un esquema de sentencia determinada; de ese modo, el acusado sería sentenciado por un período de tiempo establecido, por ejemplo, diez años, y estará obligado por la ley a cumplir el mínimo de tiempo establecido de esa sentencia.

DISPOSICIONES DE LA SENTENCIA

Cada estado tiene un código específico de sentencias que declara las disposiciones de límite de sentencia por cada crimen. Algunos estados permiten la pena de muerte; otros estados permiten condena perpetua (toda la vida en prisión). Muchos estados están adoptando leyes de *veracidad en la sentencia*, las cuales aumentan el tiempo de condena en caso de que el acusado cometa repetidos crímenes, y leyes de "tres caídas y estás afuera", las cuales requieren condena perpetua a un criminal de "carrera" después de la tercera vez que cae en prisión.

Muchos estados permiten una fluctuación entre los límites de penalidades para la misma clase de crimen. Por ejemplo, un caso de invasión a la propiedad y asalto sexual criminal puede clasificarse como una ofensa de la misma categoría, con el mismo límite de sentencia potencial. Generalmente, existen las siguientes disposiciones (explicadas más detalladamente abajo):

- ejecución (en algunos estados);

- encarcelamiento (incluyendo encarcelamientos periódicos, "campamento de entrenamiento", etc);

- libertad probatoria (posiblemente con restricciones en la casa, monitoreo electrónico, etc);

- supervisión;

- restitución; y,

- multa.

EJECUCIÓN   La penalidad más seria que existe es la pena de muerte (pena capital). Un gran número de estados permite este castigo después de un encarcelamiento por un grave delito de asesinato o asesinato en circunstancias especiales.

Desde el año 2000, 38 estados permiten la pena capital.

Alabama	Nebraska
Arizona	Nevada
Arkansas	New Hampshire
California	New Jersey
Colorado	New Mexico
Connecticut	New York
Delaware	North Carolina
Florida	Ohio
Georgia	Oklahoma
Idaho	Oregon
Illinois	Pennsylvania
Indiana	South Carolina
Kansas	South Dakota
Kentucky	Tennessee
Louisiana	Texas
Maryland	Utah
Mississippi	Virginia
Missouri	Washington
Montana	Wyoming

Cada persona actualmente en fila de muerte fue encarcelada por asesinato. En 1999, 98 hombres en 20 estados fueron ejecutados. Noventa y cuatro de esas ejecuciones fueron llevadas a cabo por medio de inyección letal, 3 por medio de electrocución, y 1 por medio de cámara de gas.

ENCARCELAMIENTO · Una sentencia de prisión o cárcel puede ser obligatoria por ciertos crímenes. La duración máxima de tiempo es por el período natural de vida del acusado, pero algunos estados proveen que sea impuesto por un tiempo indeterminado (de 1 a 100 años), mientras que otros requieren un término definitivo (299 años). Algunos estados permiten un término extendido por un hecho excepcionalmente brutal o comportamiento infame, o por delitos repetidos.

Los estados pueden también permitir o requerir sentencias que sean impuestas *concurrentemente* (al mismo tiempo) o *acumulativamente* (una después de la otra) si fuera necesario para proteger al público. Los transgresores sentenciados a prisión estarán en custodia del Departamento de Correcciones del estado, el cual determina a qué prisión debe ser enviado el ofensor y si el ofensor es transferido.

Campamento de entrenamiento. En los últimos años, el *campamento de entrenamiento* se está popularizando para cierto tipo de ofensores. Los campamentos de entrenamiento son también llamados *encarcelación de impacto*. Éstos tienen requisitos de elegibilidad y en muchos estados se excluyen del programa los casos más serios de crímenes o los ofensores reiterativos. Los campamentos de entrenamiento usualmente duran cuatro a cinco meses y requieren entrenamiento físico y mano de obra.

Encarcelamiento periódico. El encarcelamiento periódico significa que el ofensor será liberado en algún lapso de tiempo de la sentencia y estará restringido durante el resto. Por ejemplo, un ofensor puede pasar los fines de semana en la cárcel, pero continúa trabajando y manteniendo a su familia durante los días de semana. Alternativamente, una corte judicial puede sentenciar al ofensor a pasar un fin de semana por mes en la cárcel por la duración de la sentencia impuesta.

LIBERTAD
CONDICIONAL

Los crímenes que incluyen la libertad condicional como una opción tienden a darse en los casos de ofensas menores. La posible extensión de libertad condicional varía de acuerdo a los cargos del crimen. Una sentencia de libertad condicional significa que el ofensor es condenado por el crimen, pero se le permite permanecer en la comunidad sujeto a ciertas condiciones.

La libertad condicional también puede incluir algún término de encarcelamiento periódico o servicios comunitarios como parte de la sentencia. Aunque el crimen permita libertad condicional, el Juez puede negarla si cree que los cargos del crimen requieren algún tiempo de encarcelamiento.

Las condiciones de libertad condicional normalmente incluyen que el ofensor:

- no cometa ningún crimen;

- se presente a un oficial a cargo;

- no posea un arma peligrosa;

- no salga del estado sin el permiso de la Corte; y,

- no tenga trato con otras personas convictas.

Además la Corte puede imponer otras condiciones al ofensor, y en algunos estados se requiere que imponga ciertas condiciones basadas en la ofensa.

Ejemplo: En un caso de abuso sexual a un niño(a) donde el ofensor es el padre de la víctima, el Juez que le adjudica la libertad condicional al ofensor, también puede ordenarle que pague por el servicio de consultas con consejeros profesionales u otros gastos que la víctima tenga, o que provea apoyo económico a la víctima durante el transcurso de la libertad condicional.

Las cortes a menudo requieren que el acusado obtenga algún tipo de consejería profesional en los casos de violencia doméstica. Muchas cortes ordenan que el acusado no tenga contacto con la víctima durante el período de libertad condicional. Algunos pueden requerir que el acusado se ponga en tratamiento para alcoholismo o drogas, y que se abstenga de beber alcohol o consumir drogas ilegales.

Casos de libertad condicional de intensiva supervisión. California y muchos otros estados han experimentado con un programa de libertad condicional comúnmente llamada *libertad condicional de supervisión intensiva*. Este tipo de programas es usualmente designado para ofensores que necesitan ser inspeccionados más de cerca que el común de los otros casos. Normalmente incluye reclusión electrónica en la casa, la cual permite que el ofensor salga solamente por razones específicas tales como ir a la escuela o consejería.

SUPERVISIÓN

Para las ofensas menores, donde el acusado alega culpabilidad o pacta sobre los hechos, la Corte puede ordenar supervisión por un período de tiempo, usualmente unos pocos meses, y postergar más amplios procedimientos en el caso. Si el acusado cumple el período de supervisión sin cometer ningún otro delito, el proceso quedará sin lugar y no habrá ninguna condena. Esta situación se conoce también como retención de sentencia.

RESTITUCIÓN

Se ordena al acusado que pague *restitución* a la víctima por sus pérdidas económicas. La consideración de ordenar restitución es un requisito de algunos estados, y está disponible en caso de que el acusado sea encarcelado o sea puesto bajo libertad condicional. Aun donde la restitución no es obligatoria, el Juez puede considerar la restitución para las pérdidas de la víctima. La solicitud de restitución de la víctima debe estar en la declaración de impacto en la víctima. En pocos estados, la restitución se puede hacer cumplir como un embargo preventivo civil o sentencia. A pesar de que la restitución típicamente no cubre la variedad completa de reclamos, la víctima de un crimen puede tener resultados de su condición de víctima haciendo cumplir la ley como un embargo preventivo civil o sentencia, la víctima puede proseguir con la cobranza inmediatamente después del caso criminal en lugar de tener que comenzar el proceso otra vez a través de la Corte Civil. De este modo, esto puede ser demandado para evitar tener que presentar el caso como demanda civil.

MULTAS

Todas las cortes pueden ordenar al acusado que pague una multa como condición para salir en libertad condicional, y muchas multas son impuestas obligatoriamente. Los costos de la Corte Judicial son también imputables al ofensor.

LA AUDIENCIA PARA LA SENTENCIA

A menos que el caso sea de menor envergadura o la sentencia haya sido el tema para el acuerdo con el Juez, la decisión de la sentencia se hará después de la audiencia para la sentencia, en la cual los testigos pueden presentar evidencia.

PRESENTENCIA DE INVESTIGACIÓN

Luego que el veredicto ha sido presentado, el Juez usualmente continuará el caso por unas pocas semanas para se complete una *presentencia de investigación,* y para que el Estado y el acusado preparen la evidencia tal como ellos crean que debería ser en una sentencia apropiada. Para determinar qué sentencia imponer, el Juez pone en la balanza diferentes factores, incluyendo la severidad del crimen y la historia criminal del acusado. La corte también debe tener en cuenta los daños sufridos por la víctima.

Los reglamentos especiales de la audiencia para la sentencia permiten que el Juez pueda considerar más información como *evidencia* que las que deberían tener que permitirse en el juicio, tales como testimonio o cartas de cualquier persona que tenga información sobre el carácter del acusado, previa historia o antecedentes criminales, o cualquier otra información relevante para la designación de la sentencia.

Ejemplo: Previas víctimas de un violador que ha cometido crímenes en serie pueden testificar en la audiencia de sentencia para mostrar la clase de peligrosidad del acusado y su historia criminal, ya que no les es permitido testificar en el juicio.

EL INFORME DE LA PRESENTENCIA

Un *informe de presentencia* preparado normalmente por una agencia de liberación condicional o libertad condicional vigilada, ayuda a la corte para considerar varios factores antes de imponer una sentencia. Por ejemplo, si el crimen permite una sentencia de libertad condicional vigilada, la investigación de presentencia podría identificar si el acusado es un sospechoso apropiado, o si se le debieran imponer condiciones especiales. Entre otras informaciones, un reporte de presentencia puede incluir información del impacto en la víctima.

LA DECLARACIÓN DEL IMPACTO EN LA VÍCTIMA

Las víctimas en todos los estados tienen el derecho de proveer información a la Corte Judicial sobre cómo les ha afectado el crimen; así podrá ser considerado al sentenciar. Una *declaración del impacto en la víctima* hecha de una manera formal probablemente sea el único momento en que la víctima puede hablarle al Juez acerca de lo que le ha pasado a consecuencia del crimen. Cuando la víctima ha fallecido a causa del crimen, o se trata de un menor o incapacitado, este puede ser el único momento que la Corte escuche qué impacto ha dejado el crimen en los sobrevivientes de la víctima.

En algunos estados se le puede proveer esta información al Juez directamente; en otros, ésta debe ser escrita en una declaración del impacto en la víctima y presentada como parte de la presentencia de investigación provista a la corte antes de la sentencia. La víctima puede presentar la información oralmente en la audiencia para la sentencia.

LA PREPARACIÓN DE LA DECLARACIÓN DEL IMPACTO EN LA VÍCTIMA

Algunos estados requieren que la víctima prepare la declaración del impacto en la víctima juntamente con el fiscal. Si la víctima no puede presentarla en persona, puede presentarla por escrito por intermedio del fiscal en la audiencia. Si la víctima es un niño(a) pequeño(a), es posible que los padres preparen la declaración.

En una declaración del impacto en la víctima, usted debería asegurarse de explicar a la corte cómo le ha impactado el crimen del mismo modo que a los demás miembros de su familia o de su casa. La declaración debería incluir también una explicación de la pérdida financiera en la que usted ha incurrido como resultado del crimen. En algunos estados, su opinión es permitida en la sentencia del acusado; en otros no lo es.

Si no hubiera disponible ningún formulario, pídale un modelo que lo pueda guiar a la asistente de víctimas o al fiscal. Mantenga su declaración en una medida razonable. De ese modo usted puede presentarle al Juez los puntos más importantes. (Para ver un modelo del formulario de la declaración del impacto en la víctima, diríjase al Apéndice D.)

LA PRESENTACIÓN DE LA DECLARACIÓN DEL IMPACTO EN LA VÍCTIMA EN LA CORTE JUDICIAL

Adicionalmente a la preparación, muchos estados le permiten a la víctima o al representante de la víctima, presentar la declaración en corte, en la audiencia de la sentencia. En tales casos, la declaración es tratada como otra evidencia, y el acusado tiene el derecho de volver a examinar (interrogar) a la víctima en la audiencia.

La audiencia de sentencia será como un mini-juicio, excepto que éste podría concluir en un corto lapso de tiempo. En muchos casos, una sola comparecencia ante la corte será suficiente para completar el proceso; pero algunas veces, la audiencia deberá continuar si toda la información que el Juez debe considerar antes de tomar la decisión no ha sido recopilada aún.

LO QUE REALMENTE SIGNIFICA LA SENTENCIA

Tenga presente que además de la reforma estatal para cumplir con el mayor tiempo de la sentencia que prevalece en todo el país (truth in sentencing reforms), a menudo la condena a prisión que el Juez entrega no es exactamente la que el trasgresor cumplirá. A través de los años, el tiempo libre por buen comportamiento se ha convertido en algo corriente, y un ofensor normalmente servirá solamente parte de la actual sentencia impuesta si él o ella tienen buen comportamiento mientras están en prisión.

Ocurre otro problema cuando el ofensor es enviado nuevamente a la comunidad en una *institución de rehabilitación* o a la casa con restricción electrónica. A este prisionero(a) todavía se lo considera estar bajo custodia, aun cuando él o ella haya regresado a la comunidad y usted quizás se sorprenda porque nunca se le ha notificado.

Asegúrese de contactarse con el fiscal después de que se haya impuesto la sentencia para obtener una explicación en términos claros de lo que la sentencia realmente significa. Cerciórese acerca de qué oficina o departamento inspeccionará al acusado durante la sentencia. Pídale al fiscal que le proporcione el nombre, número de teléfono y dirección del oficial que supervisa y tome nota.

LAS VIOLACIONES DE LAS ORDENES DE SENTENCIA

Un ofensor que viola su sentencia de libertad condicional vigilada o bajo liberación condicional, condicionalmente absuelto, puede estar sujeto a una posible pérdida de su libertad. Por ejemplo, si el ofensor recibió la orden judicial de permanecer aislado de la víctima como condición de su libertad, pero él o ella sigue a la víctima, el ofensor está en violación de sus condiciones de liberación de obligación legal. Si éste fuera su caso, notifique inmediatamente a la policía y requiera que el fiscal acuse al ofensor de la violación.

Una vez que se haya reportado la violación, el fiscal puede establecer una nueva audiencia de *revocación*. Si él o ella no ha sido arrestado por la violación, se le envía una citación judicial para comparecer en la corte. En la audiencia, el Estado debe mostrar que el acusado violó una condición de su libertad condicional para que el Juez revoque o modifique la libertad condicional. Dejar de pagar una orden de restitución o multa no es usualmente la base para la revocación de la libertad condicional, a menos que el ofensor intencionalmente se niegue a pagar.

LA APELACIÓN 13

QUIÉN APELA

En la mayoría de los casos criminales, el acusado apela. Si se comprueba que es culpable, frecuentemente el acusado apelará. La prosecución tiene un derecho limitado para apelar. Por ejemplo, si el jurado absuelve al acusado, los derechos del acusado evitan el *doble riesgo*—ser sometido a juicio dos veces por el mismo crimen—eso significa que el Estado no puede apelar.

LO QUE PUEDE HACER LA CORTE DE APELACIONES

Cada estado tiene un sistema de cortes designado a dar audiencia a las apelaciones. No se toma testimonio en el proceso de apelación, en cambio la Corte de Apelaciones simplemente revé qué pasó en el juicio para determinar si se ha cometido un grave error legal. Si se hubiera cometido un grave error legal, la condena puede quedar sin efecto y el caso puede ser enviado a juicio por segunda vez. Si se ha cometido un error constitucional o si el error no puede ser remediado, la condena queda sin efecto y el caso queda sin lugar a un proceso. Una Corte de Apelaciones también puede mantener la condena, pero cambiar la sentencia. Las apelaciones son muy comunes en juicios criminales, pero las revocaciones son raras.

LOS DERECHOS DE LA VÍCTIMA

Las víctimas en muchos estados pueden requerir que se les informe cuando ha sido presentada una apelación, y cuál es el estatus de esa apelación. La oficina del Procurador General o el Estado o fiscales locales de apelaciones pueden defender la apelación y la víctima puede solicitar información de esa oficina. Si una apelación incluye un argumento oral, esto es una audiencia pública en la cual la víctima tiene el derecho de comparecer. Si usted no sabe a quién contactar con referencia a la apelación, comience por el fiscal o el asistente del programa víctima-testigo, quien tendrá (o le podrá conseguir) información. Asegúrese que usted tenga un nombre y contacto de información para hacer un seguimiento sobre el proceso de apelación, el cual puede tomar de varios meses a un año, o aun más.

LA TECNOLOGÍA EMERGENTE EN RELACIÓN CON LAS VÍCTIMAS DEL CRIMEN

14

A medida que la tecnología se perfecciona, del mismo modo lo hacen los esfuerzos gubernamentales para tratar al crimen y a los criminales. Esta tecnología se puede usar para ayudar a prevenir un crimen; asimismo facilita el hecho de conocer más sobre el crimen y los criminales. Por ejemplo, los gobiernos federales, estatales y locales han comenzado a usar la telaraña mundial (World-Wide Web) para proveer una enorme cantidad de información sobre crímenes y delitos, accesibles a cualquier persona que posea Internet. La tecnología también puede asistir a las víctimas para que participen en sus casos: un teléfono le puede facilitar registrarse para recibir notificación automática si tiene su caso pendiente en la corte, o para ser notificado automáticamente si un ofensor escapó o fue liberado de la prisión. Adicionalmente, las agencias que proveen servicios a las víctimas del crimen se pueden encontrar, en gran cantidad, en la página Web. (Para ver la lista de los sitios de Web, refiérase al Apéndice A.)

Con el acceso al Internet, el mapa de la criminalidad puede informarle sobre los antecedentes de crímenes de un vecindario en un vistazo. Usted también puede tener la posibilidad de saber dónde viven los ofensores sexuales registrados, o puede conocer el estatus de un convicto encarcelado. Pero no todo es positivo sobre la nueva tecnología. El ciberdelito y la explotación de niños son dos de los lados negativos del acrecentado acceso al Internet.

La participación de la víctima

La tecnología puede ayudar a las víctimas a participar en sus propios casos.

Ejemplo: En el bombardeo de Oklahoma, en abril de 1995, en el cual murieron 168 víctimas y más de 500 resultaron heridas, la nueva tecnología les permitió a las víctimas en Oklahoma, observar el juicio del acusado en Colorado por medio de televisión de circuito cerrado.

Además, la televisión de circuito cerrado también se ha usado para asistir a los niños víctimas para dar testimonio sobre sus abusos. La tecnología también ayuda con la violencia doméstica. Los teléfonos celulares, las alarmas perimetrales en la casa y los brazaletes electrónicos (los cuales limitan o localizan los movimientos del ofensor) pueden ayudar a proteger a las víctimas de violencia doméstica o acecho.

Notificación e información automática para la víctima

Las leyes de los derechos de las víctimas en cada estado permiten que la víctima tenga derecho de *notificación* y *acusación* del proceso de justicia criminal, en sus casos. (Vea el Apéndice B en el sumario de leyes estatales relacionadas con los derechos de las víctimas.) En el pasado, la notificación se hacía por medio de un llamado telefónico o una carta enviada a la víctima al último domicilio conocido. Algunas veces, las víctimas tenían que solicitar información en forma específica.

Hoy en día, la nueva tecnología ha mejorado el derecho de conocer de la víctima.

Ejemplo: Cuando en el año 1994, en Kentucky una víctima murió de un balazo y su ofensor había sido puesto en libertad de la prisión sin que ella recibiera notificación, el estado de Kentucky respondió poniendo la información automatizada para la víctima y haciéndola disponible para las víctimas a través de un llamado telefónico.

El gobierno federal está en proceso de adoptar un sistema de notificación automática de víctimas para casos federales, y hacia fines del año 2000, casi 40 estados proveyeron notificación automática a la víctima.

La mayoría de los programas de notificación automática para la víctima son similares. La tecnología funciona entrando información de los fiscales, funcionarios de la corte, cárceles o prisiones, y luego pasando la información a la base de datos. El programa solamente requiere que la víctima tenga acceso a un teléfono para usarlo. Luego de alguna información general, se le pide a la persona que llama, el nombre del ofensor o el número de identificación criminal. El programa puede proveer el estatus de la custodia del ofensor, incluyendo si él o ella se ha escapado, y proporcionar fechas de corte, horas, direcciones y aplazamientos. Adicionalmente, las víctimas pueden llamar, usualmente al sistema, a un número sin cargo. La información de notificación automática normalmente se facilita en varias lenguas.

Luego de que se ha obtenido la corte del ofensor y el estatus de la custodia, la persona que llama puede registrar su número de teléfono que será automáticamente llamado para proveer notificación de cambios en el estatus, tales como cuándo será liberado el ofensor o transferido nuevamente a la comunidad. Algunos programas pueden también ofrecer información a través de una carta de notificación automática dirigida a una víctima registrada.

Se puede obtener más información sobre la notificación automática de víctimas llamando a VINE, la compañía que provee sistemas de notificación en 35 estados (y otros países) al número 800-865-4314 y preguntando por el número del participante de VINE ubicado en su área. Su jurisdicción probablemente no use VINE como su distribuidor; entonces usted puede buscar en el Internet bajo "notificación automática para víctimas" en su jurisdicción, o contactando a la policía local, fiscal, o a la oficina estatal del Procurador General para solicitar mayor información.

EL MAPA DE LA CRIMINALIDAD

Ser víctima de un crimen puede ocasionar que las víctimas incrementen su sensibilidad y sus deseos de conocer el porcentaje de crímenes cometidos. Es muy posible que algunas de las víctimas atacadas en sus hogares o a las que les han asaltado su propiedad, decidan mudarse del área o del lugar en que fue cometido el crimen. El *mapa de la criminalidad* puede proveer una foto instantánea del crimen en la comunidad y asistir al evaluar el registro de seguridad general de un vecindario.

Los departamentos de policía han estado usando mapas de crímenes para analizarlos desde 1900, pero recientemente la tecnología se ha perfeccionado y permite a la policía y otras agencias que ejecutan la ley, poner los reportes de crímenes en línea (Internet) a través del mapa de la criminalidad.

En la actualidad, los grandes departamentos de policía ponen a disposición del público información local de crímenes a través de mapas de crímenes en línea. El usuario de Internet puede encontrar, por ejemplo, cuántos arrestos se hicieron el mes pasado por conducir bajo los efectos del alcohol en una localidad en particular (Ej.: calle, ciudad o condado). En el mapa de crímenes del sitio Web del Departamento de Policía de Chicago hay mapas gráficos y tablas de crímenes reportados en los previos 90 días. Se puede buscar por calle del mismo modo que por distritos policiales y escuelas. El usuario puede encontrar varios reportes de crímenes y obtener el mapa.

El hecho de poner la información sobre crímenes en línea puede proveer a las víctimas del crimen una valiosa información. Sin embargo, las víctimas también deben tener presente que los registros de los que ejecutan la ley pueden contener información privada sobre ellos. Algunos estados estipulan que cierto tipo de información privada de la víctima no debe ser incluida en un expediente público; otros estados permiten a la corte ordenar que cierta información debe mantenerse en forma privada. Para mayor información, consulte con el departamento de policía cercano, con el fiscal, o revise la ley en su estado (Vea el Apéndice B.)

Si le interesa informarse acerca de los departamentos de policía que proveen mapas de crímenes en el sitio Web, usted puede visitar el centro de investigación del mapa de la criminalidad en el Instituto Nacional de Justicia (National Institute of Justice):

http://www.ojp.usdoj.gov/cmrc

OFFENSORES Y DEPREDADORES SEXUALES

OFENSORES
SEXUALES

Muchos de los ofensores sexuales repiten sus crímenes. A fin de concentrarse en la amenaza de los ofensores reiterativos, en la década de 1990, los estados comenzaron a averiguar la ubicación de los ofensores sexuales a través de las leyes de registro de los ofensores sexuales. Estas leyes requerían que ciertos ofensores sexuales se registraran en el departamento de policía local cuando ellos hubieran salido de la prisión. Pero no había ningún mecanismo para que la comunidad lo supiera, lo que en parte condujo a que cambiara la manera de tratar el tema de los ofensores.

El 29 de julio de 1994, Jesse Temmendeqous, recién liberado de seis años de sentencia por haber sometido a una niña a abusos deshonestos, atrajo con engaños a Megan para que entrara a su casa en New Jersey, prometiéndole mostrarle su cachorrito. En vez de ello la atacó sexualmente y la mató. Desconocido por el vecindario, Temmendeqous se había mudado con otros dos convictos por abusos deshonestos a niños, justamente enfrente de la casa de Megan.

La atrocidad sobre el caso de Megan fue la catálisis para la "Ley de Megan" (Megan's Law), pasada en New Jersey, que requiere que los ofensores sexuales con liberación condicional deben notificar a la comunidad antes de su llegada. Los requisitos de notificación a la comunidad difieren de un estado a otro. Para más de la mitad de los estados, la notificación a la comunidad es permitida para casos específicos de ofensores, tales como violadores que cometen crímenes en serie y ofensores sexuales de niños y depredadores sexuales. Los métodos de notificación incluyen: enviar o colocar volantes en el área de residencia del ofensor, notificar al vecindario por medio de la policía, reuniones de la comunidad y a través de las noticias.

En 1998, el gobierno federal comenzó a asistir a los estados para asegurarse de que sus registros de ofensores sexuales fueran compatibles con los expedientes del Registro Nacional de Ofensores Sexuales del Departamento Federal de Investigación Criminal (FBI's National Sex Offender Registry); de ese modo, la información estatal sobre ofensores sexuales podía ser obtenida y ubicada de una jurisdicción a la otra.

Desde 1999, más de la mitad de todos los estados tienen o están desarrollando un sitio en el Internet que incluye información sobre registro de ofensores sexuales. Algunos estados tienen buscadores de base de datos con información individual de ofensores sexuales. Unos pocos estados también tienen líneas de emergencia de información sobre ofensores sexuales. (Para obtener la Recopilación de procedimientos de notificación, presentada estado por estado, vea: Devon B Adams Summary of State Sex Offender Registry Dissemination Procedures, actualizado en 1999, Individual State Summaries, U.S. Department of Justice, Office of Justice Programs, Bureau of Justice Statistics (August 1999) disponibles en línea en **http://www.ncjrs.org/**).

Debido a la amenaza presenta que un ofensor sexual, los estados también han comenzado a utilizar la evolución de tecnología científica para tratar de resolver crímenes sexuales. También existe la base de datos del DNA de ofensores sexuales y se puede conseguir el DNA de cierto ofensor condenado que coincida con el que se encontrará en un caso no resuelto.

DEPRDADORES

Los depredadores sexuales se han convertido en el nuevo foco de atención legal en la tendencia de concentrarse en el problema de ofensores sexuales reiterativos. Alrededor de la década de 1990, los estados han comenzado a revisar sus leyes relacionadas con depredadores sexuales para conocer los más peligrosos ofensores sexuales. En 1999, al menos 17 estados permitieron continuar la encarcelación de los ofensores sexuales al final de su sentencia original, hasta que el ofensor no presentara ningún peligro para la comunidad. Para información adicional en cuanto a alternativas para la liberación, debe consultar con su fiscal o llamar a la oficina del Procurador General en su estado.

Ciberdelito

La nueva tecnología no siempre es positiva, y los nuevos métodos para cometer delitos están haciendo su entrada en el Internet. Un tipo de delito que se ha convertido en tema de atención nacional es la explotación de los niños en línea. Otro delito involucra lo que se conoce como "substracción de identidad" en el cual el delincuente roba la identidad de la víctima y comienza a usar el nombre, la dirección o la información de crédito de la víctima.

LA EXPLOTACIÓN DE NIÑOS POR INTERNET

La explotación de niños a través del Internet se ha convertido en un pasatiempo de depredadores sexuales en línea quienes usan sus computadoras y el Internet para obtener fotografías de pornografía infantil. Estos ofensores también intercambian nombres y direcciones de otros depredadores y de potenciales niños-víctimas. El Internet también permite a esos depredadores en línea entrar al hogar de un niño(a) que usa la computadora (el ordenador). Los niños probablemente piensen que están "charlando" con alguno de su propia edad y pueden compartir información privada relacionada con ellos mismos o sus familiares. Los depredadores intentan desarrollar una relación en línea con el niño(a), y luego tratan de que se encuentren personalmente en algún lugar. Generalmente los niños no quieren contarles a sus padres porque no les gustaría perder los privilegios de la comunicación en línea.

En 1998, el Centro Nacional de Niños Desaparecidos y Explotados (National Center for Missing and Exploited Children) comenzó un centro distribuidor de información que tomaba datos de la gente referente a la explotación sexual de los niños. Se puede obtener más información sobre este tema del Centro Nacional en el **http://www.missingkids.com**. Asimismo se puede dar parte de información relacionada con el tema al **http://www.missingkids.com/cibertip**, o llamar a la línea de emergencia número 800-843-5678 del House Child Pornography Tipline, que funciona las 24 horas.

SUSTRACCIÓN
DE IDENTIDAD

Aunque el uso fraudulento de la identidad de otro ocurría antes de que el Internet se impusiera popularmente, la tecnología ha hecho que esto sea más fácil para este tipo de substracción o robo. Los tipos más comunes de substracción de identidad son:

- robo de información de crédito para abrir o usar una tarjeta de crédito en nombre de la víctima;

- obtener fraudulentamente una cuenta de teléfono celular u otra cuenta de servicio público; o,

- abrir una cuenta bancaria con información personal de la víctima.

La Federal Trade Comission (FTC) (agencia gubernamental de EE.UU. reguladora de prácticas comerciales), la cual comenzó la Línea de Emergencia para la Sustracción de Identidad (Identity Theft Hotline) y el Centro de información en noviembre de 1999, estimó que en el año 2000 solamente, hubo 45.000 llamadas de víctimas de substracción de identidad. La FTC ha publicado un folleto sobre sustracción de identidad que explica los pasos que una víctima debería seguir luego de enterarse de la substracción. (Ver FTC, ID Theft, Cuando le Pasan Cosas Malas a su Buen Nombre ("When Bad Things Happen To Your Good Name") se encuentra disponible llamando al 877-IDTHEFT o usted puede visitar es sitio Web del Identity Theft Clearinghouse:

http://www.consumer.gov/idtheft/

RECUPERACIÓN DE LOS DAÑOS 15

A pesar de que el enfoque del caso criminal es concerniente a dos factores: la condena del ofensor e impedir que cometa más crímenes, no es concerniente a las prestaciones sociales individuales de la víctima. La víctima pudo haber perdido tiempo de trabajo puede tener dolor y sufrimiento, y quizás haya perdido su casa o su trabajo mientras estaba tratando de buscar justicia en el caso criminal. El enfoque de la Corte Civil es recompensar a la víctima- demandante. En una demanda civil el(la) demandante puede averiguar lo que el demandado posee (sus bienes) y literalmente sacarle toda la ganancia que él pudiera haber obtenido en el crimen. En la demanda civil, las pérdidas sufridas por el demandante son los "daños y perjuicios".

LA CORTE CIVIL VERSUS CRIMINAL

El mundo de demanda civil es completamente diferente del sistema criminal de justicia. Las reglas y procedimientos pueden parecer similares, pero se opera muy diferentemente en la Corte Civil. Por ejemplo, las partes en un caso criminal son el Estado, representado por el fiscal, en representación de la víctima y todas las personas de ese estado; y el acusado representado por su abogado o un abogado asignado si no pudiera permitirse tener el propio. La víctima es meramente un testimonio en la corte criminal, pero presentando una demanda civil, la víctima está en control.

En la demanda civil, las partes son el *demandante* (víctima), que puede estar representado por un abogado, y el *demandado* (el ofensor o una tercera parte) que también puede estar representado por un asesor legal. Por ser una parte, la víctima puede tomar todas las decisiones que el fiscal podría hacer en un caso criminal. Debido a que la demanda civil es una acción privada, no se asignará ningún abogado. Si cualquiera de las dos partes desea un abogado, deben contratar su propio asesor legal.

NIVEL
DE PRUEBA

Una diferencia entre casos civiles y criminales es el nivel de prueba requerido por el Juez o jurado para fallar en contra del acusado. En un caso civil, el demandante debe probar, usualmente por medio de *preponderancia de la prueba*, que el demandado causó los daños por los cuales el demandante tiene el derecho a daños y perjuicios. En un caso criminal, el fiscal debe probar *más allá de una duda razonable*, que el ofensor cometió el crimen del cual se le ha acusado. Estas pautas son conceptos generales, no definiciones precisas, pero la pauta criminal es más alta y más difícil de reunir que las pautas civiles. Las pautas civiles de una preponderancia de prueba han sido descriptas como requisito del Juez para fallar que la versión de los hechos del demandante sea probablemente un poquito diferente de la versión del demandado. También esas pautas se han descripto como requerimiento del demandante para probar su caso por uno poquito más que el 50% de certeza.

Aunque es difícil comparar las dos pautas en términos de porcentaje, se ha dicho que *más allá de una duda razonable* requiere al menos un 75% de certeza, porque algunos estados permiten convicciones basadas en el acuerdo de nueve de doce participantes del jurado. Frecuentemente, los miembros del jurado generalmente son instruidos por el Juez para que si tuvieran que decidir que el demandado no es culpable, deben tener una duda que esté basada en conclusiones lógicas y razonables. Un jurado puede tener duda y aun así condenar. La pauta no es ni más allá de toda duda ni sin lugar a dudas.

HACIENDO
OBLIGATORIO EL
TESTIMONIA DEL
DEMANDADO

Ampliando, el demandado no tiene derecho a evitar sentarse en la silla de los testigos en la Corte Civil, como podría hacerlo en la Corte Criminal. De ese modo, el demandante puede solicitar que el demandado testifique y que se le puedan hacer esas preguntas que no se le podrían hacer si estuviera en la Corte Criminal.

NOTA: *La siguiente tabla a continuación muestra algunas diferencias entre los sistemas de la Corte Civil y la Corte Criminal*

Comparación de los Sistemas de la Corte Civil y Criminal

	CIVIL	CRIMINAL
Las partes	Víctima=Demandante v. Demandado=Criminal o Tercera parte	Estado v. Acusado
Propósito del Caso	Compensar al Demandantecastigar al Demandado monetariamente	Rehabilitar, condenar y persuadir al Acusado
Quién se beneficia	Demandante	La gente o la sociedad
Nivel de Prueba	Preponderancia de la prueba (más probablemente que no)	Más allá de una duda razonable (alto nivel requerido)
Evidencia	Indagación muy extensa; El Demandado generalmente deberesponder a las preguntas del Demandante	El Acusado tiene derechos constitucionales para no testificaro responder preguntas
Veredictos	A favor del Demandante o A favor del Demandado	Culpable; inocente; culpable pero insano; juicio nulo
Sentencia	Compensar al Demandante porpérdidas, y condenar al Demandado monetariamente	El Acusado es condenado por medio de una sentencia
Resultados	Acto judicial para el demandante y condena monetaria para el demandado; no se conceden daños y perjuicios	El Acusado es sentenciado a prisión, cárcel o libertad condicional; paga restitución a la víctima o multa al Estado
Convenio	El demandante escoge cuándo y por cuándo	El fiscal escoge negociar; la víctima no puede impedir el acuerdo.

OTRAS OPCIONES PARA RECUPERACIÓN DE DAÑOS Y PERJUICIOS

COMPENSACIÓN PARA LA VÍCTIMA DEL CRIMAN

Todos los estados han establecido un fondo para compensar a las víctimas del crimen. Cada estado instituye requisitos de elegibilidad y generalmente requiere que las víctimas reporten lo antes posible, cooperen con las autoridades policiales y presenten una demanda dentro de un período de tiempo establecido. Adicionalmente a una demanda civil, una víctima debería procurar obtener una adjudicación de compensación del fondo estatal destinado para recompensaciones a las víctimas. En la mayoría de los estados, las víctimas elegibles pueden ser recompensadas por pérdidas a raíz del crimen o delito. Si más tarde la víctima recupera los daños en la demanda civil, las leyes estatales pueden requerir que el programa de compensación de la víctima sea indemnizado de la adjudicación civil por daños y perjuicios.

RESTITUCIÓN Y REPARACIÓN

Como parte de una sentencia criminal, el ofensor puede recibir la orden de pagar restitución, algunas veces llamado reparación. Aunque estos términos difieren ligeramente, ambas alcanzan el mismo resultado. Usualmente, la restitución se aplica para esos ofensores que reciben libertad condicional vigilada, pero algunos estados determinan que la restitución sea aplicada sin considerar qué tipo de sentencia se ha impuesto. Esta solución está limitada para aquellos ofensores que tienen la habilidad de pagar y usualmente para pérdidas reales sufridas por la víctima. Una orden de restitución no afecta el derecho de la víctima de presentar una demanda civil, pero puede ser deducido de la asignación por recuperación.

SEGURO

El seguro puede cubrir algunas pérdidas. Por ejemplo, el seguro de automóvil cubrirá robo o daños criminales ocasionados al vehículo y su contenido, mientras que el seguro del propietario de una residencia provee cobertura similar por pérdida de contenido en el hogar. El seguro médico puede reintegrar a la víctima los gastos de honorarios médicos y de hospital ocasionados por daños físicos resultantes del crimen.

EL EFECTO DE UNA DEMANDA CIVIL EN LA VÍCTIMA

Ahora que usted comprende el "qué" de la demanda civil, y usted está considerando sus opciones, esté atento al impacto que la demanda civil pueda tener en usted. Antes de emprender algo que puede tomar años para completarse, considere por qué usted desea presentar la demanda y qué resolución desearía obtener. Si tiene acceso a un terapeuta, discuta su consideración y el potencial impacto en su salud y en su bienestar. Comprenda que habrá un compromiso financiero de su parte, así como también emocional.

Considere cuidadosamente su buena voluntad de ir más allá en busca de justicia. También ponga en la balanza la posibilidad de que usted no pueda ganar o recibir dinero por los daños. Si, después de pesar todos estos factores, usted determina proceder, entonces comprométase a la batalla y persiga la justicia que tiene derecho en el terreno de la Corte Civil.

Mientras la demanda civil está pendiente, tenga en cuenta del efecto físico y psicológico que le ocasiona a su bienestar. Muchísimas agencias ofrecen apoyo y asistencia a las víctimas del crimen. Contáctese con el Centro Nacional de Víctimas del Crimen (National Center for Victims of Crime) para recibir información más detallada sobre los servicios disponibles en su localidad (Diríjase al Apéndice A para fuentes de información).

El papel
que desempeñan
los abogados

El papel de los abogados en la demanda civil es completamente diferente que en el sistema de justicia criminal. De una manera diferente al caso criminal, en un caso civil no hay abogados involucrados a menos que una de las partes contrate uno. Si usted desea un abogado, tendrá que contratar o buscar uno que tome el caso sin cobrarle. Recuerde que el acusado tampoco tiene el derecho tampoco de que se le asigne un abogado asignado.

Reconozca que la ley es un negocio tanto como una profesión. Su decisión de tomar a un abogado puede basarse en la complejidad de su caso. Los abogados también hacen decisiones basados en una cantidad de factores para aceptar un caso. Por ejemplo, es probable que un abogado considere la posibilidad de cobro del demandado previamente a comprometer sus servicios para el caso.

Al evaluar un caso, un abogado examinará:

- costo;

- tiempo y esfuerzo; y,

- posibilidad de cobro.

LOS ABOGADOS Y LA CONFIDENCIALIDAD

Para estimular que la gente hable libremente con sus abogados, la ley provee protección de confidencialidad a los clientes. Esto se conoce con el nombre de secreto entre abogado y cliente. El secreto previene que un abogado revele su información en la mayor parte de las circunstancias, así que sea honesto al revelar todos los hechos, aun esos hechos sobre el crimen o sobre usted mismo que son vergonzosos o humillantes. El abogado necesita su información para evaluar apropiadamente el caso.

EN BUSCA DE UN ABOGADO

La búsqueda de un abogado puede tomar algún tiempo y no poca perseverancia. Del mismo modo que hay especialidades en otras profesiones, hoy día es algo raro encontrar un abogado que tenga práctica general. Muchos abogados limitan su práctica a cierto tipos de casos, como derecho de familia, planeamiento de masa hereditaria (bienes, propiedades, patrimonio) derecho corporativo, etc. El abogado que usted escoja debe tener cierta experiencia en casos similares, y sería ideal si él o ella ha presentado una demanda civil en representación de una víctima del crimen, previamente a su caso.

RECOMENDACIONES DE AMIGOS

Muchas veces se escoge un abogado con la ayuda de recomendaciones de familiares o amigos. Estas recomendaciones pueden ser de gran beneficio porque la buena experiencia de un miembro familiar o amigo puede brindar información confiable sobre la calidad de servicio que provee el abogado.

SERVICIOS DE REFERENCIA

Si personalmente usted no conoce a un abogado y no tiene una recomendación de parte de un amigo de confianza o miembro familiar, puede buscar en otras fuentes de información. En muchas ciudades existe una asociación del cuerpo de abogados local, la cual es una organización a la que muchos abogados pertenecen. La asociación del cuerpo de abogados puede ayudarle con referencias de abogados, ya sea formal o informalmente. Algunas veces se publica una sentencia reciente o convenio de un juicio por lesión personal y sale el nombre del abogado del demandante en la lista. Actualmente muchos abogados están en las páginas Web del Internet. Recientemente, algunos abogados han comenzado a poner avisos en televisión o radio. Su coordinador del programa víctima-testigo o el defensor de la víctima de su caso criminal también podría estar en condiciones de proporcionarle este tipo de información.

PROGRAMAS DE
LA FACULTAD DE
DERECHO

Una de las fuentes, a menudo pasados por alto, es el programa clínico de la Facultad de Derecho. Algunas facultades de derecho mantienen programas que toman casos de interés público en áreas particulares. Asegúrese de verificar con la Facultad de Derecho en su estado para ver si su caso podría calificar para ello. Si la clínica le aceptara su caso, usted probablemente no tenga que pagar o pagará honorarios sustancialmente reducidos.

REGISTRO
DE ABOGADOS

Cada estado mantiene un registro de abogados que practican leyes dentro del estado. Para ubicar el número telefónico y la dirección de cualquier abogado dentro del estado, póngase en contacto con la asociación del colegio de abogados o cualquier otra oficina de registro de abogados ubicada en su estado. Busque en la guía telefónica, pregúntele al fiscal encargado de su caso (quien también estará registrado) o comuníquese con la oficina del Procurador General para que lo asistan. Si desea encontrar la asociación del colegio de abogados local, simplemente consulte las páginas amarillas en el listado bajo "*referencia de abogados*".

CONTACTO
INICAL

La selección de un abogado normalmente comienza con un llamado telefónico. En este primer contacto con el abogado, asegúrese de obtener alguna información preliminar.

- ¿Tiene este abogado experiencia en casos como el suyo?

- ¿Le cobrará por su primera visita?

- ¿Cuánto tiempo deberá entrevistarse en la primera visita?

- ¿Cuánto cobra este abogado normalmente por sus servicios?

Compare las respuestas contestadas por el abogado que usted haya llamado; entonces decida a quién querrá visitar para consultar sobre su caso.

LA PRIMERA
ENTREVISTA

La entrevista inicial con un abogado es muy importante. Recuerde que usted no tiene un acuerdo con nada más que con los términos de la visita inicial. No se sienta intimidado por el hecho de pensar en el encuentro con el abogado. Usted no está bajo ninguna obligación de firmar o estar de acuerdo con nada ahora y usted puede tomar, en este momento, cualquier documento escrito y llevárselo a su casa para leerlo y pensar antes de firmarlo. Siga su instinto y confíe en su evaluación de la persona que tiene frente a usted. ¿Le gusta este abogado? ¿Le parece que él o ella está escuchándole mientras usted le comenta su historia? ¿El personal le trata con respeto durante la visita? Su "instinto" le dirá si desea continuar con este abogado.

Al hablarle al abogado acerca de su caso, sea lo más claro y conciso posible. Debe escribir ciertos puntos para asegurarse que ha cubierto los temas importantes, de ese modo el abogado puede evaluar su caso apropiadamente. No se olvide de llevarle cualquier documento relevante (reporte policial, registro de la corte del caso criminal, etc.) eso le ayudará al abogado a entender sus hechos.

Hable sobre lo que el abogado estima que costará y cómo le facturará por esos costos.

Ejemplo: Si la trascripción de la deposición y los expertos testimonios deben ser retenidos ¿Le pasarán esos costos a usted o esperarán hasta el final del caso?

ACUERDO DE HONORADOS

Es esencial que usted entienda cómo el abogado le cobra los honorarios y los gastos. La mayoría de los abogados son caros y cobran más de $100 dólares por hora, así que algunas veces la consideración primaria que deberia hacer al contratar a un abogado es su disponibilidad de pago. Al reconocer sus limitaciones, algunos abogados que creen que el caso es meritorio aceptarán un *pacto de cuotalitis*, en el cual el abogado está de acuerdo en esperar hasta que el caso finalice para obtener los honorarios. El acuerdo más común dice que si hay una sentencia, el abogado tiene el derecho de recibir un porcentaje de la decisión como honorarios (comúnmente 1/3 del 40%), pero si no hay indemnización por daños, no se reconocerá ninguna deuda de honorarios. El demandante sigue siendo responsable de los gastos (fotocopias, cargos telefónicos, franqueo, transcripciones, y honorarios de reporte judicial).

Otros abogados cobran por hora hasta cierta cifra, y requieren un importante pago inicial por parte de la víctima. Estos abogados sienten que la inversión de la víctima es esencial y es un justo balance para la consideración, tiempo y esfuerzo del abogado. El resto de los honorarios hasta una cifra tope (tal como 33% de la recuperación) será reconocida como deuda únicamente si hay una sentencia o convenio de adjudicación.

Asegúrese de resguardar su acuerdo de honorarios por escrito, así no habrá ninguna confusión acerca de lo que se debe y cuando hay que pagarlo. El acuerdo claramente podría establecer si se debe un pago inicial (algunas veces se lo llama *anticipo*) y cómo debería pagarse; y si hay honorarios a cobrar por hora o un *pacto de cuotalitis*. Debe identificarse en el acuerdo el tipo de gastos y métodos de cómo deberán pagarse.

Si se debe pagar un anticipo, asegúrese de establecer un acuerdo entre usted y su abogado en cuanto a qué servicio mínimo se proveerá.

Ejemplo: Por un anticipo de $500 o más, el abogado debería al menos preparar y presentar una demanda y dar notificación al acusado (o acusados). Lo que usted debe evitar es una situación en donde le paga un anticipo a su abogado, él o ella escribe una carta y hace unos pocos llamados telefónicos al acusado, y luego le dice que se usó todo el anticipo y le solicita más dinero para continuar.

Cómo trabajar con un abogado

Una vez que haya hecho la decisión de contratar al abogado, y él(o ella) esté de acuerdo en tomar el caso, asegúrese de informarle qué clase de cliente es usted; cuán involucrado desea estar desea estar; si desea estar informado de cada paso en el caso; y, si desea tener copias de cada documento que el abogado presenta o recibe en su caso. Tome en cuenta que usted deberá pagar las copias si se generan gastos. Alternativamente, usted puede pedirle a su abogado que el expediente esté disponible para usted regularmente para verlo en su oficina, de ese modo se mantendrá al corriente con el desarrollo del caso.

Su abogado debería guiarlo paso a paso acerca de su caso y explicarle los procedimientos y las fechas previstas para las diferentes etapas del caso. Pregúntele con qué frecuencia usted puede recibir notificación de su caso; el conocer las fechas importantes de su caso, le ayudaré a saber con qué frecuencia el abogado se contactará con usted. Por ejemplo, una vez que se presenten sus documentos iniciales, pueden pasar al menos 30 días (o más) antes de que el acusado presente cualquier documento. Establezca un método de contacto que sea conveniente para usted y razonable para su abogado. Muchos problemas se pueden resolver manteniendo una comunicación clara entre el demandante y el abogado.

GLOSARIO

A

absolución. Una decisión "sin culpabilidad". No es lo mismo que decir que el acusado es inocente. Significa que el fiscal no ha probado la culpa del acusado más allá de una duda razonable.

actas de declaración de derechos. Estas son leyes que otorgan derechos a las víctimas para que puedan obtener información y participación en sus casos judiciales.

acuerdo con el fiscal. Para evitar un juicio, el fiscal y el demandado pueden entrar en un "acuerdo con el fiscal" en el cual el demandado alega culpabilidad o no disputa el alegato. El acuerdo puede requerir que el demandado consienta en algunos de todos los cargos, y puede hacer recomendaciones específicas para la sentencia. Los acuerdos con el fiscal deben estar aprobados por el Juez.

acusado. Una persona a la cual se le ha culpado de cometer un crimen.

acusación por el fiscal. Un cargo de delito grave criminal presentado por el fiscal.

acusación del gran jurado. Un procedimiento conducido por un gran jurado que encuentra que los hechos presentados reúnen los requisitos de la ley para la acusación de un crimen.

agresión. Conducta de un acusado que causa daños físicos a la víctima.

alegato. La contestación del acusado a un cargo criminal (culpable, sin culpabilidad o nolo contendere).

alocución. El derecho que se le da al acusado para hablar en su propia representación.

allanamiento y confiscación. Se tomó la frase de una promesa establecida en la Cuarta Enmienda constitucional de EE.UU. que dice que las personas tienen el derecho de estar libres de allanamientos irrazonables y confiscaciones que se hagan en contra de ellos o sus propiedades en un caso criminal. Si hubiera una violación de este derecho podría resultar que la evidencia presentada fuera excluida del caso, y conducir a que se eliminaran los cargos.

alguacil. Esta persona es un oficial de la corte que tiene el trabajo de mantener orden en la sala de juicio y cuando es necesario, custodiar al acusado mientras está en la corte.

anular para declarar inválido. El acusado puede solicitar que su arresto sea anulado si su discusión con la policía no ha sido causa probable para arrestarle.

apelar. El acusado tiene el derecho de apelar un juicio de convicción por una ofensa criminal en una corte de apelación. Esta corte examina el expediente basado en los puntos legales del acusado para determinar si ocurrieron serios errores o si ocurrió un error legal. De una manera diferente a un juicio, no hay testigos que comparezcan en una apelación; y la decisión es comúnmente otorgada por un panel de jueces después de rever los expedientes y considerar los argumentos y los escritos legales del Estado y del acusado.

argumento de cierre. El argumento final del abogado (o la parte) en un caso donde se suma la evidencia que la parte presentó y está en desacuerdo, o se distingue de la evidencia de la otra parte.

arresto. La acción de detener a un individuo ordenado por la autoridad policial.

asalto. Conducido por un demandado(a) que amenaza o pone a la víctima en peligro de recibir daños corporales.

Asociación del Cuerpo de Abogados. Una organización local, estatal o nacional de abogados. Generalmente provee oportunidades de referencia de los abogados que son miembros.

atentado sexual. El acto forzado empleado hacia una víctima en una conducta sexual.

audiencia preliminar o examen preliminar. Una audiencia en la cual el fiscal demuestra que hay causa probable para creer que un crimen fue cometido y que el acusado lo ha cometido.

auto de acusación. Un cargo formal de delito grave efectuado por un gran jurado.

B

bono (Título o fianza). Generalmente, dinero u otro artículo de valor que es depositado en la corte para asegurar la futura comparecencia del acusado en la corte. La suma del bono es estipulada por el Juez o un magistrado. El acusado debe pagar todo o un porcentaje de la suma del bono. En algunos casos, el bono es la firma del acusado garantizando que se presentará. Este tipo de bono puede llamarse un bono de reconocimiento personal.

C

campo de entrenamiento. Una forma de sentenciar, usualmente en los casos de ofensores no violentos, en los cuales el acusado debe participar en un intenso programa de entrenamiento. Muchos programas están designados a permitir que el acusado evite ir a la cárcel, y duran de varias semanas a un mes.

carga de la prueba. El nivel de credibilidad o hechos probables por medio de evidencias veraces. La carga (peso) de la prueba es mayor en un caso criminal (más allá de una duda razonable), y menor en un caso civil (preponderancia de la prueba).

caso criminal. El caso presentado por el estado en contra del acusado por violación de una ley criminal.

causa inmediata. El acto o la conducta que es responsable directamente por un jurado.

causa probable. La creencia razonable de que se ha cometido un crimen, basada en hechos y circunstancias presentadas.

ciberdelito. Es cuando se cometen delitos que involucran el uso de la computadora (ordenador). Delitos que se cometen usando el Internet se llaman ciberdelito.

coartada. Una defensa que puede manifestarse para demostrar que el acusado no estuvo presente en el momento del cual es acusado de haber cometido el crimen. El fiscal debe probar que el acusado estuvo presente.

compensación para la víctima del crimen. El derecho de la victima del crimen en recuperarse de cierta pérdida de dinero en efectivo ocasionada por el crimen o delito. Usualmente, los estados solicitan que la víctima reporte el crimen y coopere con las autoridades en el intento de atrapar al demandado. La compensación (indemnización) proviene de fondos estatales. Regularmente la víctima tiene que presentar la demanda poco después de que haya ocurrido el crimen para recibir el reembolso de los gastos.

competencia. El lugar (Ej. ciudad, condado) donde se efectuará un juicio.

condena. La sentencia hecha por el Juez de que el acusado es culpable del crimen

convocatoria. Una notificación enviada o emitida por una funcionario de la corte, quien requiere que la persona comparezca en la corte.

conferencia del juicio previo. Una reunión ante un juicio en la cual el fiscal y el demandado pueden discutir un "acuerdo con el fiscal". El Juez puede participar en la conferencia cuando se trata de un caso de delito grave.

confesión. Una declaración hecha por el acusado, en forma verbal o por escrito, donde admite su culpabilidad.

conjunto de recolección de evidencias de violación. Un método generalizado de recolectar evidencias de un caso de atentado sexual.

contestación a la demanda. En la Corte Civil, ésta es la contestación del demandado al demandante. Se presenta por escrito en la corte.

corte de apelaciones. Una corte que considera el caso después de que el juicio se haya completado para determinar si la ley fue aplicada apropiadamente. Muchos estados tienen un nivel intermedio de corte de apelaciones entre su tribunal superior (llamada Corte Suprema) y su tribunal de primera instancia.

corte con jurisdicción sobre casos pequeños. Una corte que esta limitada en su jurisdicción para casos de audiencias que demandan recobros menores que suma estipulada.

corte suprema. Generalmente la mayor corte de apelaciones en un estado.

cuidado razonable. La responsabilidad de usar el cuidado necesario dentro de las circunstancias por el bienestar de uno.

custodia. La condición de estar detenido por ejecución de la ley. Por ejemplo, cuando una persona ha sido arrestada, se encuentra bajo custodia, la cual puede continuar luego del fallo condenatorio hasta el final de la sentencia de encarcelación.

D

daños y perjuicios. La pérdida financiera, emocional o física que sufre una persona que ha caído en manos de otra. Los daños y perjuicios pueden ser compensados por orden judicial o el demandado puede ser legalmente castigado.

daños legales. Un agravio privado. Frecuentemente, esto es la base de un litigio civil, como un asalto o negligencia; es lo opuesto de un caso criminal el cual se considera un agravio publico.

daños punitivos o ejemplares. La suma de dinero asignada al demandante que significa castigar al acusado por su conducta violenta.

decisión. Una decisión final del Juez quien resolvió el caso.

declaración del impacto en la víctima. El derecho que tiene la víctima de decirle a la corte que determina la sentencia del impacto que el crimen ha ocasionado en él (ella) y en su familia. En muchos estados se permite que la víctima tenga un representante para que presente tal declaración, en algunos estados se les permite hacerlo a los miembros familiares.

defensa con consentimiento. Una defensa que admite los actos pero que reclama que la víctima está de acuerdo con la conducción.

defensa propia. El derecho legal para usar la fuerza y protegerse a sí mismo o a otra persona o propiedad, de alguna amenaza en contra o daño atentado por alguien.

defensor de víctimas del crimen. La persona que es contratada por el gobierno o una agencia privada para asistir a la víctima en la negociación del proceso de justicia criminal.

deliberación. El proceso por el cual un jurado decide si los hechos probados en el caso reúnen los elementos requeridos por la ley para dar una condena.

delincuencia. Un crimen cometido por una persona menor de 17 años. Los casos de delincuencia juvenil son frecuentemente ejecutados en una corte especial para jóvenes o familia, en lugar de en la corte criminal.

delito grave o felonía. Una sentencia por un crimen que supeditan al acusado a un año o más de encarcelamiento.

delito menor. Un crimen que tiene un máximo tiempo de sentencia aproximado de un año (en algunas jurisdicciones es de dos años).

demanda. El documento que comienza un litigio y establece la teoría y reclamos de ese litigio.

demanda civil. Una acción judicial privada entre partes, concerniente a acciones personales erróneas, como por ejemplo en los casos de daños personales.

demandante. La persona que originalmente presenta un litigio.

deposición. Cuando se toma declaración jurada relacionada con el caso, a un testigo. Algunos estados en los casos criminales no permiten deposiciones de la víctima o establecen límites especiales sobre las deposiciones de las mismas.

descubrimiento. El proceso de proveer información acerca de la demanda o la defensa. El descubrimiento puede ser por escrito, como en interrogatorios, o presentado oralmente, como en las deposiciones.

desfile de sospechosos. Un procedimiento en el que se pone al sospechoso en un grupo de similares individuos para ver si el testigo puede identificar al sospechoso como el ofensor. Si se le presenta el ofensor a la víctima (normalmente dentro de un corto plazo de un crimen en la calle) se le llama "a personarse."

detención o arresto ilegal. El acto de detener a alguna persona sin la autorización para hacerlo.

disposición. Una decisión de sentencia efectuada en la Corte Juvenil.

DNA. DNA es la abreviatura de ácido ribonucleico, material genético que se compara con el DNA recogido de las víctimas del lugar del hecho o de un demandado, y que es analizado para determinar si hay coincidencia.

doble riesgo. El derecho a ser libre de una segunda prosecución por la misma ofensa. Con ciertos límites, uno no puede ser sometido a múltiples prosecuciones del mismo acto, por la misma jurisdicción.

dolor y sufrimiento. La intangible pérdida sufrida por una víctima del crimen.

duda razonable. Una duda basada en evidencias producida en el juicio cuyas cuestiones son el crimen fue cometido o si el acusado lo cometió.

E

elementos. Las partes específicas de una demanda que se deben probar. Por ejemplo, en un caso criminal, el estado mental y ciertos actos físicos pueden ser solicitados como "elementos" para que sean probados en un juicio, mas allá de una duda razonable, antes que se determine la condena.

encarcelamiento ilegal. El acto de detener a una persona sin autorización para hacerlo.

en total capacidad de la ley. Un oficial que está actuando en su capacidad se dice que está actuando "en total capacidad de la ley."

error trivial. Un error que no afecta al resultado del caso. Por ejemplo, en una apelación, una corte puede encontrar que la admisión de cierta evidencia está equivocada, pero si hubiera otras evidencias de culpabilidad más pesadas en el caso, la corte probablemente encuentre que las evidencias erróneamente admitidas no han afectado al resultado, por lo tanto fue inofensivo.

estatutos. Leyes pasadas por una legislatura (opuestamente a leyes comunes encontradas en las decisiones de la corte).

exposición inicial del caso. Una revisión del caso hecha por el abogado, justo antes que comience el testimonio. La exposición inicial del caso no es una evidencia en el caso.

F

fianza. El bono financiero que el acusado paga a la corte o alguien lo hace en su representación, para garantizar que retornará a la corte. La fianza la puede pagar el acusado, otra persona o también un servicio de bonos que se ocupe de hacerlo. Si el acusado viola las condiciones de su libertad, su bono tiene que ser penalizado y él (ella) puede recibir una orden de arresto pendiente de juicio de hacerlo.

fiscal (acusador público). Un oficial elegido o designado quien tiene la responsabilidad de ejecutar la ley criminal en la corte. A los acusadores públicos se les llama también abogados del distrito, abogados del estado, abogados del condado o abogados de la comunidad política.

fundamento legal y material de la demanda. La teoría o la base sobre la cual un litigio debe ser presentado.

G

gran jurado de acusación. Un grupo de jurados quienes consideran la evidencia del fiscal y determinan si existe una causa probable para enjuiciar a una persona por delito grave.

H

homicidio impremeditado. El acto de matar a otra persona mientras actúan de una manera que no aumente el nivel de la conducta intencional. Se ve en algunos casos de "acaloramiento pasional."

I

identidad incorrecta o errónea. La identificación errónea de una persona como el ofensor de un crimen.

imposición intencional de angustia emocional. Un daño que persigue recuperación por parte del demandante por la intencional conducta empleada para producirle {a él (ella)} dolor emocional y sufrimiento. Este agravio o daño legal se ve, por ejemplo, en los casos en que un padre presencia el crimen que le ocurre a él personalmente, o un hijo(a).

impugnación. Interrogatorio formulado por la otra parte, la cual está designada a atacar la credibilidad de un testigo.

incriminar. Una declaración del acusado que tiende a demostrar que él cometió el crimen.

indigente. Se le llama indigente a un demandado (o litigante) cuando él (ella) no tiene posición financiera para contratar a un abogado.

indemnización. Recuperación de dinero en efectivo o sufridas perdidas tangibles.

inducido a cometer. Una defensa en la cual el acusado demanda que el estado o el gobierno le indujo o le estimuló para cometer el crimen que él (ella), caso contrario, no hubiera cometido.

infracción menor. Un crimen que tiene menos elementos que todos los elementos de un crimen mayor. Por ejemplo, una agresión (asalto con daños físicos) es usualmente menor, incluyendo crimen de "agresión" (asalto con agresión física) es comúnmente menor que Agresión mayor (asalto de agresión física con armas de fuego).

instituto de rehabilitación. Un grupo de instalaciones de vivienda que provee alojamiento a los presos quienes han salido en libertad de encarcelación de total custodia o a aquellos que les han dejado sin efecto la condena.

intención. El estado mental que muestra que el acusado sabía lo que estaba haciendo y eligió proseguir con ello.

intervención en las crisis. Un servicio ofrecido a la víctima al poco tiempo de haber ocurrido el crimen para ayudar a que la víctima tenga la asistencia necesaria.

interrogatorios. Cuestionario por escrito que se contesta bajo declaración jurada, enviado en un juicio o litigio, de una de las partes a la otra.

interrogatorio directo. Es el que se efectúa cuando una de las partes llama a un testigo al estrado y le hace un interrogatorio.

interrogatorio riguroso. Preguntas hechas al testigo por la parte opositora. Por ejemplo, es posible que la víctima sea cuestionada por el abogado defensor en un caso criminal.

invención. Una mentira.

J

juicio por jurado. El juicio donde un jurado decide los hechos luego de escuchar las evidencias y determina si la parte ha probado su caso. Los juicios por jurado toman lugar en los casos criminales y civiles.

juicio nulo. Una resolución del Juez para finalizar el juicio, debido a errores serios o cuando el jurado no puede llegar a un veredicto. Un juicio nulo puede terminar el caso o el caso se puede volver a enjuiciar, dependiendo de la razón del juicio nulo.

jurado suspendido. Un jurado suspendido se produce cuando no se puede alcanzar un veredicto. Puede resultar en juicio nulo, y el caso debe volver a juicio nuevamente. En salvo raros ocasiones puede resultar que el caso sea absuelto.

jurisdicción. El poder que tiene la corte para decidir un caso presentado ante ésta. La corte usualmente, se fija donde fue cometido el crimen, donde viven las partes o donde ocurrió el hecho.

juvenil. Una persona menor de 17 años

L

ley de prescripción—estatutos de limitaciones. El límite de tiempo en el cual los cargos criminales y demandas civiles deben ser presentados.

leyes para los depredadores. Los estatutos que intentan mantener un conocido ofensor sexual entre rejas después de que haya cumplido con la sentencia original, debido al riesgo que presenta en la comunidad.

libertad condicional vigilada (probación). Una sentencia opcional para muchos casos de delitos menores y algunas condenas de delitos graves. Esta sentencia le permite al acusado a permanecer en la comunidad bajo ciertas condiciones y bajo la supervisación de un funcionario de probación.

libro de fotografías de delincuentes. Un libro de fotografías de conocidos sospechosos criminales que la policía tiene en su poder.

línea para crisis. También llamada línea de emergencia, son líneas telefónicas (y en raros casos sitios de Internet) que operan generalmente las 24 horas del día y proporcionan intervención para ayudar a las víctimas o sobrevivientes.

limine (latin) al comienzo. Una moción presentada ante audiencia o juicio para prevenir que la evidencia sea considerada en la audiencia. Por ejemplo, un acusado puede presentar una moción al comienzo para prevenir que el Estado use el hecho que el acusado fue puesto en prisión por un previo crimen similar. El acusado argumentará que tal evidencia llevará al jurado a condenarle porque él es un "mal hombre", no porque haya cometido el crimen por el cual está en juicio. Hay excepciones que permiten que sea admitida cierta conducta criminal del pasado, de modo que a menos que las partes estén de acuerdo, el Juez conducirá una audiencia a la moción. Aun si el Juez excluye su evidencia en el juicio, si el acusado es condenado, una condena previa o una conducta criminal previa será considerada al determinar una sentencia apropiada

los derechos de Miranda. Los derechos que tiene un demandado, a quien la policía le debe informar antes de que sean interrogados (tomado del Caso Miranda versus Arizona). Los derechos incluyen el derecho de permanecer en silencio; que cualquier los derechos cosa que diga el demandado puede ser usado en su contra en la corte; y el derecho a tener un abogado, el cual puede ser sin cargo, si no tuviera suficiente dinero o bienes para contratar uno.

lugar del crimen (del hecho). Es la ubicación física del crimen.

M

mal práctica. Una práctica de la ley que es menos aceptable o está por debajo de la ética profesional razonable de la práctica de los abogados.

mapa de la criminalidad. El uso de la computadora (ordenador) en el proceso de identificar donde ocurrió el crimen en cierta comunidad.

más allá de una duda razonable. El nivel de prueba que el Estado debe reunir para obtener una condena en un caso criminal.

mayoría de edad. La edad por la cuál un menor es tratado como a un adulto, usualmente a los dieciocho años.

moción. Un requisito de la corte, que se hace al tratar de obtener una orden. Cada parte puede presentar una moción antes, durante o después del juicio. La parte que presenta la moción se llama "peticionante".

muerte ilegítima. El designado agravio privado que se usa por recuperación de los daños en contra de una persona que mató a otra. En un caso de muerte ilegítima el demandante, es generalmente un sobreviviente miembro familiar.

N

negligencia. Un fracaso de esfuerzo o descuido al ejercitar cuidado, o debilidad.

no hay caso. Una decisión tomada por el gran jurado donde los hechos presentados no son suficientes para enjuiciar.

no disputar un alegato. Este es un alegato en el cual el acusado no desafía los hechos del Estado. Esto también se llama un nolo contendere (latín): alegato que no lo desafiaré.El Juez que da la sentencia trata al acusado de la misma manera que si fuera condenado a través de un proceso de culpabilidad o después de la audiencia judicial.

nolle prosequi (latín) terminación de causa penal. Una decisión del fiscal para desechar los cargos. Puede ser la terminación del caso o de los cargos, pero algunas veces los cargos pueden ser presentados nuevamente.

notificador. Un oficial, usualmente un alguacil, u otra persona designada por la corte que está encargada de presentar la demanda sobre el acusado.

O

objeción. Una protesta sobre una cuestión que el abogado cree que es impropia. Se hace normalmente antes de que el testigo responda al interrogatorio. El Juez entonces falla sobre la objeción declarándola fundada (en cuyo caso el testigo no tiene que responder), o invalidante (en cuyo caso el testigo debe responder a la pregunta).

ofensor sexual. Una persona condenada por un crimen sexual.

ofrecimiento para un acuerdo. Un ofrecimiento de una u otra parte para terminar el caso a través de una recapitulación acordada.

orden. Una orden de la corte autorizando un arresto (orden de arresto), o allanamiento (orden de registro o allanamiento).

orden de arresto. Una orden de la corte autorizando a la policía para arrestar al sospechoso.

orden del día. La agenda de una corte. Frecuentemente ésta se refiere al número de casos de un día.

orden judicial. Una decisión judicial, usualmente hecha por escrito.

P

pacto de cuotalitis. El honorario del abogado, al que se le paga solamente si hay una recuperación sobre la demanda en el litigio. De este modo, el honorario es "condicional" está condicionado a ganar la sentencia.

parole. Liberación condicional. Poner en libertad de la prisión a un convicto antes de que termine la sentencia por un delito grave. Hay normalmente condiciones especiales de liberación; y durante la liberación, la persona liberada está bajo supervisión del oficial de liberación condicional.

pensión alimenticia. Dinero que se le paga a un ex esposo(a) regularmente después de un divorcio tal como fue ordenado por la corte.

preponderancia de la prueba. Un nivel de prueba que sugiere que un hecho muy probablemente no ocurrió. Este medida se usa en casos civiles. Es una pauta algo menor que "clarificar y condenar" o "más allá de una duda razonable".

presentencia de investigación. Un reporte preparado por un funcionario de liberación condicional (parole officer) o un funcionario de libertad condicional supervisada (probation officer). Después de que el demandante sea puesto en la prisión, el funcionario reúne información sobre los antecedentes criminales, educación, familia y situación social para ser presentado ante la corte en la sentencia.

previsible. La razonable creencia que posiblemente a una consecuencia le sigue un acto. Por ejemplo, uno podría decir que es previsible que sentándose directamente bajo los rayos solares le producirá una quemadura.

proceso. Esta es la comparecencia inicial ante la corte en la cual se le informa al acusado de los cargos que se levantaron en su contra.

pro per/pro se (latín). Para sí mismo en su propio interés. Una persona que se representa a sí mismo en la corte sin un abogado.

programas asistencia-victima. Un programa que tiene personal dedicado a asistir a la víctima para negociar el proceso de la justicia criminal. El personal provee notificación, información y frecuentemente asiste a las víctimas en la corte.

prueba clara y convincente. El nivel de prueba que es mayor que la "preponderancia de la prueba" que se usa en los casos civiles, pero es menor que "más allá de una duda razonable" que se usa en los casos criminales. Estas pautas se utilizan en ciertos casos juveniles.

prueba demostrativa. Ilustraciones gráficas, diagramas o audiovisuales de ayuda, los cuales demuestren el punto presentado, en una audiencia o juicio, por un testigo.

prueba directa. Testigo presencial o alguna otra evidencia testimonial de un hecho. Por ejemplo, hay prueba directa de un robo si el testigo testifica que él vio al acusado robando el ítem de la víctima.

prueba de evidencia circunstancial. Evidencia indirecta que prueba que algo pasó. Por ejemplo, si un ofensor lleva el anillo de la víctima con sus pertenencias, ésta es una prueba indirecta que él lo tomó de la víctima.

prueba instrumental. Los ítems físicos o tangibles presentados como evidencia en la corte.

R

reconocimiento. Un bono firmado por el acusado que obtiene libertad de la prisión pendiente de juicio.

reconocimiento/identificación. Una limitada revisión de un sospechoso efectuado por la víctima, comúnmente en la calle, con el propósito de identificación.

relator de la corte. Es la persona que registra cada palabra que se habla en el curso de demostración del juicio.

relevante. Evidencia que tiene una relación definida n con un hecho para que sea probado en el caso.

reparación. *Ver* restitución.

requerimiento judicial. Una orden de la corte para hacer o no hacer algo. Por ejemplo se le puede prohibir al acusado en un caso civil retirar cierto dinero de su plan de pensión o esconder ciertos bienes, a través de requerimiento judicial.

resolución alternativa de disputa. También llamado ADR en (EE.UU.) es un método alternativo de resolver un litigio. En una ADR las partes buscan un mediador que escuche su caso y recomiende un convenio; el cual presentará en la corte para que implique una resolución de la demanda.

respondeat superior (Latin). Doctrina que responsabiliza al patrón por sus acciones. El concepto legal responsable que tiene un empleador de los actos de sus empleados.

responsabilidad objetiva. El concepto de que una persona (o corporación o alguna otra entidad) será considerada responsable sin tener en cuenta las intenciones de la persona que cometió el acto.

restitución. Pagos ordenados por el Juez para reparar a las víctimas de los gastos pagados, pérdida de la propiedad, daños personales como resultado de un crimen. Esto es más limitado que lo que se puede determinar por daños y perjuicios en la corte civil.

responsabilidad. La responsabilidad legal por un crimen de una persona que influencia a otra para que lo cometa. Por ejemplo, el chofer es tan responsable de un homicidio como lo es el pasajero. Las dos personas planearon juntas el crimen, el pasajero fue quien en efecto le disparó a la víctima.

retención. Primer pago al abogado. La suma que se le paga a un abogado al comienzo de los procedimientos.

revisión de procedimiento. Revisión hecha por los fiscales, quienes inicialmente revisan los casos durante la investigación preliminar de la policía, para determinar si este reúne la definición legal de una ofensa considerada como delito grave.

robo. La conducta de tomar un ítem de valor de otra persona con la intención de despojarla permanentemente de su propiedad.

S

secuestro. Un método de protección de un jurado (o testigo) para evitar influencias exteriores. En raros casos, un jurado puede ser secuestrado durante el juicio.

segundo interrogatorio directo. Las preguntas que se le preguntan a un testigo por parte de su abogado (o los abogados que apoyan su testimonio) para corregir algunos errores o relatos inexactos producidos durante el interrogatorio riguroso.

sentencia. El castigo ordenado después de haber sido detenido en un caso criminal. Una sentencia puede requerir pagos o multas, restitución o tiempo de encarcelamiento. A menos que no sea por un acuerdo con el fiscal, la sentencia se determina después de una audiencia en la que el Juez (o en raros casos el jurado) considera los factores agravantes (como la minoridad de la víctima) o en mitigación (como ser la primera ofensa del acusado). Las sentencias pueden ser asignadas por diferentes crímenes consecutivamente o concurrentemente.

sentencia acumulativa. Una sentencia criminal que debe ser cumplida al mismo tiempo que otra sentencia criminal impuesta por diferente crimen.

sentencia concurrente. Una sentencia criminal que se cumple al mismo tiempo que otra sentencia criminal por un crimen diferente.

sentencia de comprobación. El estado de no tener bienes suficientes como para pagar cualquier parte del juicio.

sentencia indeterminada. Una estructura de sentencia que no tiene una sentencia fija mínima obligatoria.

sentencia suspendida. Una parte del periodo de cárcel o prisión que el acusado no ha cumplido. En su lugar, él o ella es puesta bajo libertad condicional vigilada y puede estar en la comunidad bajo ciertas condiciones.

sentenciar. Una determinación del castigo que le da un Juez a un acusado después de que se presenta una convicción en un caso criminal.

stare decisis—atacar las decisiones. Los reglamentos que una vez que los principios se hayan decidido deben ser seguidos en futuros casos.

subpoena (latín) citación. Una orden de la corte requiriendo que una persona se presente en la corte con el propósito de dar testimonio como un testigo, y/o producir documentos.

sumario, procesamiento. Un cargo formal de delito grave impuesto por el Gran Jurado.

supervisión. Una postergación de sentencia para la cual un acusado debe reunir ciertas condiciones. Se usa en casos menores, si el demandado tiene éxito el caso es declarado sin efecto, sin sentencia.

suspensión. Un aplazamiento que suspende el caso hasta una fecha posterior.

T

testigo. Una persona que testifica bajo juramento en la corte.

testimonio o prueba de oídas. Una enunciación.

testimonio. La información provista por un testigo del estrado en una sala de tribunales.

trascripción. El informe oficial de un testimonio dado en un caso.

traspasar. Entrar o permanecer en la propiedad ajena sin permiso.

tribunal de juicio. Una audiencia judicial conducida por el Juez sin jurado.

V

venta y embargo. El acto de tomar la propiedad hipotecada sobre una propiedad real.

veredicto. El fallo de un Juez o jurado, tal como: "el veredicto del jurado fue *culpable*."

violación. El acto de participación forzada en una relación sexual efectuado sin el consentimiento de la víctima.

voir dire (Francés). Decir la verdad. El proceso de interrogación por el cual un jurado es electo. En algunas jurisdicciones solamente la corte cuestiona al jurado. En otras, los abogados pueden también hacer preguntas.

APÉNDICE A
FUENTE DE INFORMACIÓN DE LAS VÍCTIMAS

En los últimos cinco años, numeroso público y entidades sin fines de lucro que proveían servicios a las víctimas del crimen han desarrollado sitios Web e incluido una gran cantidad de información muy útil en el Internet.

Las agencias federales son particularmente útiles, pues éstas contienen una considerable cantidad de información. Adicionalmente, muchos de los sitios Web que se detallan a continuación proveen vínculos con otros sitios que pueden ser de gran utilidad para las víctimas. La lista de varias agencias, con sus respectivos números telefónicos y direcciones del sitio Web es la siguiente.

Mothers Against Drunk Driving (privada, sin fines de lucro con más de 500 organizaciones locales alrededor de EE.UU.)

800-GET-MADD

http://www.madd.org/

National Center for Missing and Exploited Children (opera 24- línea de emergencia y es un centro distribuidor de información e investigación sobre rapto o secuestro y explotación sexual de niños)

800-THE-LOST or

800-826-7653 (TDD)

http://www.missingkids.org/

National Center for Victims of Crime (organización de asistencia y derechos de las víctimas, sin fines de lucro; fuente de información completa sobre la situación de la víctima y referencias de programas locales de asistencia; ofrece servicios de referencia de abogados especializados en litigios civiles)

800 FYI-CALL
http://www.ncvc.org/

National Center on Elder Abuse (provee una lista de números telefónicos, incluido estado por estado para denunciar el abuso a los ancianos)

http://www.elderabusecenter.org/

National Child Abuse Hotline (patrocinada por una organización sin fines de lucro llamada ChildHelp USA)

800-4-A-CHILD or
800-2-A-CHILD (TDD)
http://www.childhelpusa.org/child/hotline.htm

National Crime Victim Bar Association (provee asistencia para explicar los derechos de presentar un caso civil)

703-276-0960
http://www.victimbar.org

National Criminal Justice Reference Service (NCJRS) (extensiva fuente de información sobre la justicia juvenil y criminal; tiene información federal sobre víctimas en una base de datos de fácil búsqueda)

800-851-3420
http://www.ncjrs.org

National Domestic Violence Hotline (patrocinado por el U.S. Department of Health and Human Services; línea de emergencia las 24 horas)

800-799-SAFE (7233) o
800-787-3224 (TDD)
http://www.ojp.gov/vawo/newhotline.htm

Ver también **National Coalition Against Domestic Violence**

http://www.ncadv.org/index.htm

National Fraud Information Center (toma información de fraudes a través de telemarketing e Internet y provee métodos para evitarlos)

800-876-7060
http://www.fraud.org/

National Organization for Victim Assistance (la más antigua organización sin fines de lucro para los derechos de las víctimas)

800-TRY-NOVA (1-800-879-6682)
http://www.try-nova.org

OVCRC (Office for Victims of Crime) (tiene un centro de recursos sobre información para las víctimas)

800-627-6872
http://www.ojp.usdoj.gov/ovc/

Parents of Murdered Children (proporciona apoyo para los padres y otros sobrevivientes de homicidio, provee referencias del capítulo local)

888-818-POMC
http://www.pomc.com/

Cada estado también tiene información en el Internet para las víctimas del crimen, tales como agencias con programas de asistencia y compensación, las cuales se detallan a continuación:

Alabama	http://www.agencies.state.al.us/crimevictims/
Alaska	http://www.dps.state.ak.us/vccb/htm/
Arizona	http://www.dps.state.az.us/voca/
Arkansas	http://www.ag.state.ar.us/
California	http://www.boc.cahwnet.gov/victims.htm
Colorado	http://cdpsweb.state.co.us/ovp/ovp.htm
Connecticut	http://www.jud.state.ct.us/
Delaware	http://www.state.de.us/cjc/index.html
Florida	http://legal.firn.edu/victims/index.html
Georgia	http://www.ganet.org/cjcc

Hawaii	http://www.cpja.ag.state.hi.us
Idaho	http://www2.state.id.us/iic/index.htm
Illinois	http://www.ag.state.il.us/
Indiana	http://www.state.in.us/cji/
Iowa	http://www.state.ia.us/government/ag/cva.html
Kansas	http://www.ink.org/public/ksag/contents/crime/cvcbrochure.htm
Louisiana	http://www.cole.state.la.us/cvr.htm
Maine	http://www.state.me.us/ag/victim.htm
Maryland	http://www.dpscs.state.md.us/cicb/
Mississippi	http://www.dfa.state.ms.us/
Missouri	http://www.dolir.state.mo.us/wc/dolir6f.htm
Montana	http://www.doj.state.mt.us/whoweare.htm
Nebraska	http://www.nol.org/home/crimecom/
New Hampshire	http://www.state.nh.us/nhdoj/index.html
New Jersey	http://www.state.nj.us/victims/
New Mexico	http://www.state.nm.us/cvrc/
New York	http://www.cvb.state.ny.us/
North Carolina	http://www.nccrimecontrol.org/vjs/
Ohio	http://www.ag.ohio.gov/crimevic/cvout.htm
Oklahoma	http://www.dac.state.ok.us/
Oregon	http://www.doj.state.or.us/CrimeV/welcome1.htm
Pennsylvania	http://www.pccd.state.pa.us/
Rhode Island	http://www.state.ri.us/treas/vcfund.htm
South Carolina	http://www.state.sc.us/governor/
South Dakota	http://www.state.sd.us/social/cvc/
Tennessee	http://www.treasury.state.tn.us/injury.htm
Texas	http://www.oag.state.tx.us/victims/victims.htm
Utah	http://www.crimevictim.state.ut.us/
Vermont	http://www.ccvs.state.vt.us/
Virginia	http://www.dcjs.state.va.us/victims/index.htm
Washington	http://www.wa.gov/lni/workcomp/cvc.htm
West Virginia	http://www.legis.state.wv.us/coc/victims/main.html
Wisconsin	http://www.doj.state.wi.us/cvs/cvc.htm
Wyoming	http://www.state.wy.us/~ag/victims/index.html

APÉNDICE B
LEYES QUE SE PRACTICAN EN CADA ESTADO

Las listas del estado en este apéndice están en orden alfabético y dan referencias para las leyes de los derechos de las víctimas. Se proporciona la siguiente información para cada estado:

LA LEY: Éste da el título oficial del compendio de libros que contienen los estatutos o el código del estado. Puede ser que también dé otra información que ayudará a localizar secciones específicas de la ley. Las palabras en letras cursivas son los nombres de los editores que forman parte del título que aparece en los volúmenes. Asegúrese de revisar las últimas actualizaciones del código o estatuto. Estas actualizaciones se podrán encontrar en un folleto adicional en la contratapa de cada volumen en una sección separada de volúmenes de hojas sueltas, o en un libro suplementario.

COMPENSACIÓN PARA LAS VÍCTIMAS DEL CRIMEN: Esto da la citación sobre la sección concreta del estatuto o código que trata de obtener compensación del programa estatal de compensación para las víctimas del crimen. Además del código o estatuto, usted también puede ver el libro Derechos de las Víctimas, por William L. Ginsburg, que proporciona información detallada sobre como solicitar compensación para las víctimas de un crimen de ese tipo de programas.

DERECHOS DE LAS VÍCTIMAS: Esto proporciona la citación sobre la sección concreta del estatuto o código que trata con los derechos específicos proporcionados a las víctimas de un crimen. También le da un resumen de aquellas provisiones.

ESTATUTOS DE LIMITACIÓN: Esto da la citación a las determinadas secciones del estatuto o del código que se relacionan con cuánto tiempo tiene una víctima para presentar un juicio civil contra el ofensor o terceros y le da un resumen de estos períodos de limitación.

Alabama

LA LEY; CODE OF ALABAMA

COMPENSACIÓN PARA LAS VÍCTIMAS DEL CRIMEN: **Secciones 15-23.1 a 15.23.23.**

DERECHOS DE LAS VICTIMAS:: Secciones 15-23-60 a 15-23-84 y Enmienda Constitucional 557
- Se refiere a delitos graves en cuanto a daños personales / físicos, ofensas sexuales o violencia familiar.
- La víctima puede designar un representante o la corte puede designar uno para víctimas con discapacidades; los padres pueden actuar como representantes de las víctimas infantiles.
- Dentro de las 72 horas la policía debe darle a la víctima información clave, incluyendo el nombre, el teléfono del fiscal.
- El fiscal puede pedir que se mantenga la privacidad del domicilio, el empleo y otra información relevante de los familiares inmediatos de las víctimas.
- El fiscal debe confer con la víctima antes de la disposición del caso.
- La víctima tiene el derecho de estar presente en el juicio y puede sentarse en la mesa de los abogados con el fiscal.
- La notificación incluye métodos de protección por intimidación; la corte debe proporcionar un área de espera para minimizar el contacto con el acusado.
- La víctima puede presentar una declaración de impacto escrita y oral a en la sentencia y a la junta de libertad condicional.
- La víctima tiene el derecho de recibir notificación de liberación, escape o de la muerte del ofensor.

ESTATUTOS DE LIMITACIÓN EN CASOS CIVILES: Sección 6-2-34 y Sección 6-2-38.

Alaska

LA LEY: Estatutos de Alaska

COMPENSACIÓN PARA LAS VÍCTIMAS DEL CRIMEN: Secciones 18.67.010 a 18.67.180.

DERECHOS DE LAS VÍCTIMAS: Secciones 12.61.010 a 12.61.030; y Enmienda Constitucional, Artículo 1, Sección 24, Artículo II, Sección 24.
- Se refiere a todas las víctimas en general; derechos adicionales por delitos graves y violencia doméstica.
- Declaración del impacto de la víctima puede incluir una opinión sobre la restitución y recomendación de sentencia.
- Ley de Restitución (Sección 12.55.045).
- Estipula que las direcciones y los números telefónicos de las víctimas son confidenciales (12.61.110).

ESTATUTOS DE LIMITACIÓN EN CASOS CIVILES: Sección 09.10.060, Sección 09.10.070, y Sección 09.10.140(b).

Arizona

La ley: Estatutos Revisados de Arizona

Compensación para las víctimas del crimen: Sección 41-2407.

Derechos de las víctimas: Secciones 13-4437; y la Enmienda Constitucional; Artículo II, Sección 2.1.
- La Enmienda Constitucional le da a la víctima el derecho de rehusar que se la entreviste, de deposition y a otros pedidos de descubrimiento.
- Se refiere a delitos graves en cuanto a daños personales/físicos, ofensas sexuales y casos juveniles.
- La víctima puede designar un representante; la corte puede designar uno para víctimas con discapacidades; los padres pueden representar a los niños.
- La policía debe darle a la víctima un formulario de derechos para la víctima, el reporte policíaco, números telefónicos para contactarse e información sobre los servicios de crisis más cercanos.
- Dentro de los 7 días de presentar los cargos, el fiscal debe darle a la víctima una notificación de derechos.
- Petición de notificación de si el ofensor ha sido puesto en libertad, está bajo fianza, se escapó o fue recapturado.
- Derecho de estar presente en los procedimientos de la corte; puede pedir conferenciar con el fiscal.
- Puede presentar información de impacto y opinión sobre la sentencia en el juicio de alegato; la corte no aceptará el alegato excepto que el fiscal haga esfuerzos en consultar con la víctima y la víctima tenga la notificación de audiencia; la restitución es mandatoria.

Estatutos de limitación en casos civiles: Sección 12-541-42.

Arkansas

La ley: Código Comentado de Arkansas de 1987.

Compensación para las víctimas del crimen: Sección 16-90-701 a 16-90-719.

Derechos de las víctimas: Secciones 16-21-106.
- Se refiere a todos los crímenes y víctimas.
- La víctima tiene el derecho a que se le notifiquen los aplazamientos y las audiencias planeadas o los cambios de planes.
- Los fiscales asistirán a la gente a obtener protección cuando son intimidados.
- Notificación sobre servicios financieros, servicios sociales e intervención empresarial cuando sea necesario.
- Tienen el derecho de que se le devuelva rápidamente la propiedad usada como evidencia.
- La víctima tiene el derecho a estar presente en el juicio y en las audiencias (Evid. Regla 616).
- La corte debería, cuando es posible, proporcionar una sala de espera segura para minimizar el contacto con el acusado.
- El derecho a preparar y presentar una Declaración del Impacto de la Víctima (Sección 16-97-103).

Estatutos de limitación en casos civiles: Sección 12-541-42.

rsn fot:3

California

LA LEY: Código Comentado de California de *West*. Estos libros están divididos en juego de volúmenes de acuerdo al tema, como "Código Gubernamental", "Código de Testamento", etc. asique asgúrese de tener el volumen adecuado por tema.

COMPENSACIÓN PARA LAS VÍCTIMAS DEL CRIMEN: Código de Gobierno, Sección 13959-13974.

DERECHOS DE LAS VÍCTIMAS: Código Penal, Secciones 679.02 a 679.04; y Enmienda Constitucional, Artículo I, Sección 28.
- Se refiere a delitos graves, delitos menores, y casos juveniles.
- Los padres pueden representar a un menor y un pariente cercano (heredero) puede representar a la víctima muerta.
- La primera consideración de fianza debe incluir protección al público.
- La víctima puede estar presente en corte bajo las mismas bases que el acusado (Código Penal, Sección 1102.6) y está autorizada a tener una persona en la corte que le dé apoyo.
- Tiene el derecho a que se le notifiquen las audiencias planeadas y los cargos, las dietas de testigos (witness fees), la información del reclamo civil y que se le devuelva rápidamente la propiedad usada como evidencia.
- El fiscal debe notificar a la víctima de cualquier acuerdo previo al juicio que se haga antes de presentarlo en la corte.
- Puede requerir hacer una Declaración del Impacto en la Víctima oral o escrita durante el momento de la sentencia y cuando se considera la libertad condicional.
- La restitución es mandatoria, ya sea que el acusado reciba libertad condicional o no la reciba (Código de Gobierno Sección 13967); la orden de restitución se puede hacer cumplir como una sentencia civil.
- Notificación de liberación, escape, licencia, permiso de trabajo, o liberación condicional (parole).
- La víctima de asalto sexual tiene el derecho a tener una persona que lo apoye en la entrevista de observación legal.

ESTATUTOS DE LIMITACIÓN EN CASOS CIVILES: Sección 340 y Sección 340.1.

Colorado

LA LEY: Estatutos Comentados Revisados de Colorado de *West*.

COMPENSACIÓN PARA LAS VÍCTIMAS DEL CRIMEN: Secciones 24-4.1-100.1 a 24-4.1-124.

DERECHOS DE LAS VÍCTIMAS: Secciones 24-4.1-301 a 24-1.-304 y Enmienda Constitucional, Artículo II, Sección 16a.
- Notificación del estatus del caso.
- Información sobre los servicios a la víctima.
- Notificación de cambios en las audiencias y aplazamientos.
- El derecho a asegurar que exista una sala de espera segura para minimizar el contacto con el acusado.
- Notificación de la deposición final.
- Notificación del derecho a demandar una sentencia civil.
- Derecho a una disposición sin demora.
- Derecho a proporcionar información del impacto a la víctima (Sección 16-11-102).

ESTATUTOS DE LIMITACIÓN EN CASOS CIVILES: Sección 13-80-103(1)(a), Sección 13-80-103.7(1), y Sección 13-80-108(1).

Connecticut

LA LEY: Estatutos Generales Comentados de Connecticut.

COMPENSACIÓN PARA LAS VÍCTIMAS DEL CRIMEN: Secciones 968.54.201 a 968.54.224 y Enmienda Constitucional, Artículo 17.

DERECHOS DE LAS VÍCTIMAS: Secciones 54-222a a 54-233.
- Se refiere a las personas que están heridas físicamente como resultado de un crimen.
- La policía debería proporcionar a la víctima un listado de tarjetas y referir a la víctima a la Oficina de Servicios para la Víctima para recibir asistencia.
- Puede pedir información y participar en el caso informándole a la Oficina de Servicios para la Víctima.
- Puede pedir notificación del estatus del caso, de las decisiones sobre la fianza, el acuerdo con el fiscal y la disposición.
- Puede pedir que se le notifique cuando el acusado hace una solicitud a la Junta de Indultos o de Liberación Condicional, al Departamento de Correcciones o al Juez para liberación temprana; la víctima debe recibir notificación por escrito, incluyendo la fecha y el lugar de cualquier audiencia.
- La víctima tiene el derecho a una declaración de impacto oral o escrita.

ESTATUTOS DE LIMITACIÓN EN CASOS CIVILES: Sección 52-577 y Sección 52-577d.

Delaware

LA LEY: Código Comentado de Delaware.

COMPENSACIÓN PARA LAS VÍCTIMAS DEL CRIMEN: Título 11, Sección 9001.

DERECHOS DE LAS VÍCTIMAS: Título 11, Secciones 9401 a 9418.
- La policía debe darle los derechos de información al contactarse con la víctima.
- La víctima está autorizada a designar un representante.
- El fiscal debe conferenciar con la víctima antes de la disposición del caso.
- Las víctimas tienen derecho a un área sala de espera segura que minimice el contacto con el acusado.
- La víctima está autorizada a estar presente durante los procedimientos de la corte al igual que el acusado.
- Se prohíbe la revelación del nombre y domicilio de la víctima y su familia si no existe una orden judicial que demuestre una buena causa para hacerlo.
- La víctima tiene derecho a una notificación de liberación o escape del acusado.
- La víctima tiene derecho a hacer una declaración de impacto antes de la sentencia y de la decisión de liberación condicional y para obtener notificación de la disposición.

ESTATUTOS DE LIMITACIÓN EN CASOS CIVILES: Sección 8119.

Distrito de Columbia

LA LEY: Código del Distrito de Columbia.

COMPENSACIÓN PARA LAS VÍCTIMAS DEL CRIMEN: Secciones 3-421 a 3-436.

DERECHOS DE LAS VÍCTIMAS: Sección 23-103a
- Se refiere sólo a asalto, sodomía, secuestro, homicidio impremeditado, asesinato, violación, robo, ataque agravante y otros crímenes definidos.
- El representante puede actuar a favor de la víctima fallecida.
- La víctima tiene el derecho de estar presente en el juicio si no perjudica el testimonio.
- Está autorizada a escribir la declaración del impacto de la víctima, la cual será parte del reporte de investigación de presentencia para consideración del Juez antes de la sentencia.
- En la declaración del impacto en la víctima, ésta puede expresar su opinión sobre si el acusado puede ser dejado en libertad provisional.
- La víctima tiene el derecho de dirigirse a la junta de audiencia de libertad condicional sobre si el acusado deber ser liberado provisionalmente.

ESTATUTOS DE LIMITACIÓN EN CASOS CIVILES: Sección 12-301 y Sección 12-301(8).

Florida

LA LEY: Estatutos de Florida. Éstos se pueden encontrar en los libros oficiales publicados por el Estado llamados "Estatutos de Florida" o en los "Estatutos Comentados Floridianos de West". Junto con los "Estatutos de Florida", existe un nuevo juego de libros publicados en los años impares e impresos con suplementos en los años pares.

COMPENSACIÓN PARA LAS VÍCTIMAS DEL CRIMEN: Secciones 960.01 a 960.28.

DERECHOS DE LAS VÍCTIMAS: Sección 960.001 y Enmienda Constitucional Art I, Sección 16.
- Requiere que la observación legal proporcione información sobre el tratamiento de la víctima, compensación, el papel de la víctima y cómo obtener información sobre cómo protegerse al ser intimidado.
- Las víctima tiene derecho a una notificación sobre audiencias y aplazamientos planeadas.
- Dispone "obligación de restitución civil" (Sección 960.29) impuesta contra propiedad real y personal y contra futuras "ganancias súbitas" del acusado.
- Dispone observación civil (Sección 960.29) de obligación de restitución por un periodo de 20 años.

ESTATUTOS DE LIMITACIÓN EN CASOS CIVILES: Section 95.11(3)(o) and Section 95.11(7).

Georgia

La ley: Código Oficial Comentado de Georgia.

Compensación para las víctimas del crimen: Secciones 17-15-1 a 17-15-14.

Derechos de las víctimas: Secciones 17-17-1 a 17-17-15.
- Se refiere a "crímenes serios"definidos.
- Permite que la víctima tenga un representante designado durante el tiempo que está discapacitado.
- Requiere que las autoridades le den a la víctima notificación e información sobre los derechos de la víctima, el papel de la víctima durante los procedimientos de justicia criminal, compensación para la víctima del crimen y servicios para la víctima.
- Tiene derecho a notificación de arresto, liberación, a una audiencia de fianza y a hacer una decisión en cuanto a la fianza.
- Tiene derecho a un área de espera segura que minimice el contacto con el acusado durante el proceso de la corte.
- Prohíbe transmitir al acusado la dirección de la víctima, el teléfono o el lugar de empleo (Sección 27-3910).
- Permite a la víctima expresar una opinión sobre la disposición y entablar una objeción a la libertad condicional.
- La restitución se puede ordenar como condición de la libertad provisional (Sección 17-14-4).

Estatutos de limitación en casos civiles: Sección 9-3-33 y Sección 9-3-33.1.

Hawaii

La ley: Estatutos Revisados de Hawai. Ignore los números referentes al "Título".

Compensación para las víctimas del crimen: Estatutos Revisados de Hawaii, Secciones 351-1 a 351-52.

Derechos de las víctimas: Secciones 801D-1 a 801D-7.
- Se refiere a crímenes y ofensas juveniles; derechos adicionales para víctimas de ofensas por delitos graves.
- Debe reportar el crimen dentro de los 3 meses excepto que exista buena causa por la demora.
- Tiene derecho a notificación de los servicios financieros y sociales disponibles.
- Está autorizada a hacer petición escrita de la información sobre los programas, cambios y la disposición final.
- Las víctimas de delitos graves están autorizadas a recibir notificación de los acontecimientos principales del caso, incluyendo el arresto, la liberación, la referencia al fiscal para la acusación, presentación de los cargos, rechazos, fechas de cargos preliminares, fecha para el Gran Jurado, el juicio, la sentencia y la disposición.
- Tienen derecho a tener un área de espera segura mientras están asistiendo a todos los procesos de la corte; protección de daños o amenaza de perjuicios por cooperar con el fiscal.
- Tiene el derecho a que se le devuelva la propiedad dentro de los 10 días que se ha recogido cuando lo solicite.
- Tiene derecho a ser notificada cuando el acusado ha escapado, tiene licencia, está en libertad bajo fianza, supervisada, con permiso de trabajo, porque está esperando apelar, o al término de su encarcelación.

Estatutos de limitación en casos civiles: Sección 657-7 y Sección 657-23.

Idaho

LA LEY: Código de Idaho.

COMPENSACIÓN PARA LAS VÍCTIMAS DEL CRIMEN: Secciones 72-1001 a 72-1025.

DERECHOS DE LAS VÍCTIMAS: Sección 19-5306 y Enmienda Constitucional, Artículo I, Sección 22.
- Se refiere a delitos graves, delitos menores con daño físico, ofensas sexuales y casos juveniles.
- El fiscal debe consultar con la víctima.
- Está autorizada a estar presente en todos los procedimientos del caso.
- Se puede incluir información escrita sobre el impacto a la víctima en el reporte de presentencia y la víctima puede hacer una presentación oral en la audiencia de sentencia.
- Está autorizada a notificación sobre la disposición del caso.
- La restitución es una prioridad para todas las víctimas (Sección 19-5304).
- La víctima debe ser notificada de todos las audiencias de liberación y tiene el derecho de presentar declaración de impacto oral o escrita.
- Está autorizada a información sobre el escape o liberación del acusado.

ESTATUTOS DE LIMITACIÓN EN CASOS CIVILES: Sección 5-219(5) y Sección 6-1704.

Illinois

LA LEY: Compilados de Illinois (ILCS).

COMPENSACIÓN PARA LAS VÍCTIMAS DEL CRIMEN: Capítulo 740, Acta 45, Sección 45.1 a 45.20, Estatutos Compilados de Illinois.

DERECHOS DE LAS VÍCTIMAS: Capítulo 725, Acta 120; y Enmienda Constitucional: Artículo I, Sección 8.1.
- Se refiere a crímenes violentos, ofensas sexuales, delitos menores con daño físico o muerte, ciertas ofensas de tráfico y casos juveniles.
- Estatus de la presentación de los cargos, fecha, hora, y lugar de la fianza.
- Autorizada a recibir información sobre los servicios sociales y financieros disponibles.
- Servicios de mediación en el trabajo.
- Tiene derecho a tener un área de espera segura para minimizar el contacto con el acusado mientras están asistiendo a todos los procesos de la corte.
- Tiene derecho a tener una persona presente en la corte que le preste apoyo.
- Puede pedir información sobre la libertad bajo fianza, la deposición, y la apelación.
- Puede requerir que se le consulte antes de una oferta de acuerdo o de una explicación no técnica de un acuerdo con el fiscal.
- Puede pedir una declaración escrita del impacto en la víctima además de un reporte de investigación de presentencia y puede estar presente en la audiencia de sentencia.
- Está autorizada a recibir información sobre la liberación, escape, transferencia a un hospital de salud mental, o muerte del acusado.

ESTATUTOS DE LIMITACIÓN EN CASOS CIVILES: Sección 735 ILCS 5/13-202 y Sección 735 ILCS 5/13-202.2.

Indiana

La ley: Código Comentado *West* de Indiana.

Compensación para las víctimas del crimen: Secciones 5-2-6.1-1 a 5-2-6.1-48.

Derechos de las víctimas: Secciones 35-40-1-1 a 35-40-13-5 y Enmienda Constitucional (Nov. 96).
- El crimen debe reportarse dentro de los 5 días, excepto que exista buena causa por la demora.
- La víctima debe cooperar con las autoridades.
- En algunos casos, la víctima puede requerir ser recomendada (desviada) al programa de mediación de víctima-ofensor (VORP).
- La corte puede revocar la fianza si el acusado amenaza o le hace daño a la víctima.
- Tiene el derecho de estar presente en la corte, excepto que la corte ordene lo contrario.
- Está autorizada a que se le informe sobre notificaciones de todas las audiencias y procedimientos legales así como cambios de programa en la corte.
- Tiene derecho a que se le informe acerca de los servicios financieros, sociales, de salud mental, y legales disponibles para las víctimas.
- Puede requerir la restitución.
- La declaración del impacto en la víctima puede ser en persona o por cinta de video o auditiva.

Estatutos de limitación en casos civiles: Sección 34-11-2-4.

Iowa

La ley: Código Comentado de Iowa.

Compensación para las víctimas del crimen: Secciones 910.1 a 912.12; 915.80.

Derechos de las víctimas: Secciones 915.1 a 915.50.
- Se refiere a crímenes y casos juveniles.
- Tiene derecho a que se le informe sobre la compensación a víctimas de un crimen.
- La policía o el departamento de correcciones debe notificar a la víctima si el acusado se escapa.
- El abogado del condado debe notificar a la víctima de los aplazamientos.
- La información sobre el impacto a la víctima se puede registrar por escrito para que se considere durante la sentencia.
- Puede someter el impacto a la víctima y la opinión a la junta de libertad condicional y tiene el derecho de saber la disposición.
- Petición de restitución a la víctima.
- Protección por identificación de un niño víctima.
- Un niño víctima tiene derecho a tener un guardián ad litem (persona designada para representar al niño victima durante el litigio).

Estatutos de limitación en casos civiles: Sección 614.1 y Sección 614.8A.

Kansas

LA LEY: Estatutos Comentados de Kansas. Hay dos editores de los Estatutos Comentados de Kansas; así que usted puede encontrar los volúmenes titulados "Estatutos Comentados de Kansas, Oficial," o Los Estatutos Comentados de Kansas de Vernon". Ambos tienen índices bastante pobres y el sistema numérico puede ser confuso, así que usted puede pedirle al bibliotecario que le asista.

COMPENSACIÓN PARA LAS VÍCTIMAS DEL CRIMEN: Sección 74-7301 a 74-7320 y Enmienda Constitucional Artículo 15, Sección 15.

DERECHOS DE LAS VÍCTIMAS: Secciones 74-7333 a 74-7335.
- Se refiere a "crímenes serios" definidos en el estatuto e incluye los casos juveniles.
- Tiene el derecho a notificación de todas las audiencias, incluyendo las preliminares, el juicio, la sentencia y las cancelaciones.
- Una línea estatal de emergencia para los derechos de la víctima mantenida por el Procurador General del estado.

ESTATUTOS DE LIMITACIÓN EN CASOS CIVILES: Sección 60.513, Sección 60-514, y Sección 60-523.

Kentucky

LA LEY: Estatutos Revisados de Kentucky.

COMPENSACIÓN PARA LAS VÍCTIMAS DEL CRIMEN: Secciones 346.010 a 346.190.

DERECHOS DE LAS VÍCTIMAS: Secciones 421.500 a 421.576.
- Se refiere a las personas que son víctimas de "crímenes serios" como está definido, incluyendo violencia familiar.
- En el contacto inicial, la policía dará notificación de los servicios de emergencia (incluyendo servicios médicos y sociales), tratamiento comunitario y compensación para las víctimas del crimen disponible para las víctimas.
- La policía explicará los métodos de protección de intimidación, el proceso de justicia criminal y proporcionará información sobre el arresto.
- Proceso imparcial sin demora en los casos de abuso sexual de niños.
- La víctima está autorizada a una devolución rápida de la propiedad y a intercesión empresarial.
- El fiscal consultará con la víctima antes de absolver, liberar, negociar por acuerdo, o hacer una disposición de desviación antes del juicio.
- A petición, la víctima está autorizada a que se le notifique sobre las audiencias, la presentación de los cargos y la fecha del juicio y si pusieron en libertad al acusado.
- La víctima tiene derecho a hacer una declaración de impacto y de comentar sobre la sentencia para ser incluida en el reporte de investigación para que se la considere durante la sentencia y pueda requerir notificación y presentar la información sobre el impacto de la víctima durante la audiencia de liberación.

ESTATUTOS DE LIMITACIÓN EN CASOS CIVILES: Sección 413.140(1)(a) y Sección 413.249.

Louisiana

LA LEY: L.S.A (de Estatutos Comentados de Louisiana) de *West* . Esta serie libros está dividida en una colección de tomos de acuerdo al tema, como el de "Estatutos Revisados", "Código Civil", "procesos Criminales", etc., así que esté seguro de que tenga el tomo correcto.

COMPENSACIÓN PARA LAS VÍCTIMAS DEL CRIMEN: Secciones 46:1802 a 46:1821.

DERECHOS DE LAS VÍCTIMAS: Secciones 46.1841 a 46.1844.
* Se refiere a delitos graves, delitos menores, y casos juveniles.
* Debe reportar dentro de las 72 horas del crimen, excepto que se demuestre buena causa.
* Está autorizada a recibir información sobre los derechos, incluyendo la disponibilidad de compensación de la víctima del crimen, el tratamiento, consejería, el papel de la víctima, las etapas del proceso criminal y la protección de intimidación.
* A petición, tiene derecho a que se le notifique del arresto, libertad bajo fianza.
* Derecho a proceso imparcial sin demoras.
* Las autoridades de observación legal deben proporcionar salas de entrevista privadas.
* El fiscal debe conferenciar con la víctima antes de la disposición y tratar las alternativas a la sentencia.
* La víctima y los familiares pueden poner la declaración del impacto a la víctima en consideración en la audiencia para la sentencia.
* La restitución como condición para probación o libertad condicional.
* Notificación de escape o liberación del prisionero.

ESTATUTOS DE LIMITACIÓN EN CASOS CIVILES: Sección 3492, Artículo 3493.10, and Artículo 3496.1.

Maine

LA LEY: Estatutos Comentados Revisados de Maine.

COMPENSACIÓN PARA LAS VÍCTIMAS DEL CRIMEN: Título 5, Secciones 3360 a 3360-M

DERECHOS DE LAS VÍCTIMAS: Título 15, Sección 6101.
* Se refiere a crímenes serios, ofensas sexuales, y violencia doméstica.
* El fiscal notificará a la víctima sobre la disponibilidad de compensación.
* La víctima tiene derecho a notificación del acuerdo de alegato antes de que sea presentado en la corte.
* Notificación de la hora y el lugar del juicio.
* Se puede poner en consideración información escrita del impacto a la víctima en la sentencia y presentación oral en la audiencia.
* El fiscal debe informar a la corte sobre la posición de la víctima sobre el acuerdo o la sentencia.
* La restitución es mandatoria (Título 17A, Secciones 54.1322 a 54.1330).

ESTATUTOS DE LIMITACIÓN EN CASOS CIVILES: Título 14, Sección 752-C; Título 14, Sección 752-E; y, Título 14, Sección 753.

Maryland

LA LEY: Código Comentado de Maryland. Estos libros están organizados por temas, tal como "Las Cortes y el Proceso Judicial," "Derecho Familiar," etc., así que asegúrese de que tenga el tomo correcto.

COMPENSACIÓN PARA LAS VÍCTIMAS DEL CRIMEN: Artículo 26.A; Sección 1–18.

DERECHOS DE LAS VÍCTIMAS: Artículo 27, Sección 761 y Enmienda Constitucional Artículo 47.
- La notificación incluye información sobre cómo compensar a la víctima del crimen y servicios sociales.
- Tiene derecho a un área de espera para minimizar el contacto con el acusado.
- A petición, debe ser informada de las audiencias y los aplazamientos ya planeados.
- Derecho a proceso imparcial sin demora.
- Derecho a hacer una declaración de impacto a la víctima.
- Puede pedir restitución.
- Notificación de audiencia de liberación y de libertad condicional con anticipación así como de permiso o escape.
- Presunción de restitución (Artículo 27, Sección 640).
- Requiere que se venda la propiedad o que se le baje el salario (al ofensor) por no pagar la restitución (Artículo 27, Sección 806).

ESTATUTOS DE LIMITACIÓN EN CASOS CIVILES: Sección 5-101 y Sección 5-105.

Massachusetts

LA LEY: Leyes Comentadas de Massachussetts.

COMPENSACIÓN PARA LAS VÍCTIMAS DEL CRIMEN: Capítulo 258C, Secciones 1 a 13.

DERECHOS DE LAS VÍCTIMAS: Capítulo 258B, Secciones 1 a 13.
- Se refiere a crímenes y casos juveniles.
- Tiene el derecho a recibir protección de intimidación y sus métodos.
- Tiene derecho a un área de espera segura para minimizar el contacto con el acusado durante la comparecencia en corte.
- Tiene derecho a recibir información del procurador general sobre la disposición, liberación del acusado, planeamientos y aplazamientos.
- Puede requerir restitución.
- Tiene derecho a recibir información del fiscal en la disposición.

ESTATUTOS DE LIMITACIÓN EN CASOS CIVILES: Capítulo 260, Sección 4 y Capítulo 260, Sección 4C.

Michigan

LA LEY: Leyes Compiladas de Michigan Comentadas (abreviadas "M.C.L.A."), o Estatutos Comentados de Michigan (abreviados "M.S.A."). Michigan tiene compendios de libros de dos editores separados, cada uno de los cuales con su propio sistema de numeración. Ambos tienen un índice de referencia recíproca para el otro compendio. Las referencias dadas abajo indican las citas para ambos compendios. Ignore el volumen y los números del "Capítulo".

COMPENSACIÓN PARA LAS VÍCTIMAS DEL CRIMEN: Leyes Compiladas de Michigan Comentadas, Secciones 18.351 a 18.368; Estatutos de Michigan Comentados, Sección 3.372(1) a Sección 3.372(18).

DERECHOS DE LAS VÍCTIMAS: M.C.L.A. Sección 780.751; M.S.A. Sección 28.1287(751); y
Enmienda Constitucional: Artículo I Sección 24.
- Se refiere a crímenes de delitos graves y casos juveniles.
- Las autoridades deben dar notificación escrita de los derechos de la víctima, incluyendo el número telefónico y la dirección de la policía y del fiscal.
- Si hay evidencia de amenaza a la víctima, el fiscal puede requerir que se revoque (cancele) la fianza.
- 7 días después de la acusación y 24 horas antes de la audiencia preliminar, el fiscal debe dar noticia por escrito de los derechos y procedimientos para proteger de intimidación y proporcionar el nombre y el contacto del fiscal asignado.
- La víctima tiene el derecho a un área de espera mientras esté en corte; está autorizada a estar presente al igual que el acusado.
- El fiscal debe consultar con la víctima antes de la disposición.
- Privacidad para la víctima para su domicilio y otra información privada.
- La restitución es mandatoria (M.C.L.A., Sección 780.766; M.S.A., Sección 28.1287).
- Declaración de impacto a la víctima oral o escrita antes de la sentencia.
- Tiene derecho a que se le notifique del escape o liberación.

ESTATUTOS DE LIMITACIÓN EN CASOS CIVILES: M.C.L.A., Sección 600.5805(9); M.S.A., Sección 27A-5805.

Minnesota

LA LEY: Estatutos Comentados de Minnesota.

COMPENSACIÓN PARA LAS VÍCTIMAS DEL CRIMEN: Sección 611A.51 a 611A.68.

DERECHOS DE LAS VÍCTIMAS: Secciones 611A.03 a 611A.06, Sección 611A.031.
- Los crímenes incluyen violaciones a las ordenanzas locales si hay daños físicos a la víctima; casos juveniles y ciertas ofensas de tráfico..
- Las autoridades de la ley deben entregarle a la víctima notificación de sus derechos.
- Puede pedir a las autoridades que retengan su identidad de los registros públicos.
- No debe sentirse obligada a mencionar su domicilio o dirección de su trabajo en corte abierta.
- Tiene derecho a notificación del acuerdo con el fiscal y a dar su opinión antes de la desviación de presentencia.
- La declaración del impacto en la víctima para que se considere antes de la sentencia.
- Pedido de restitución (Sección 611A.04).
- Derecho a notificación de escape o liberación.

ESTATUTOS DE LIMITACIÓN EN CASOS CIVILES: Sección 541.07(1) y Sección 541.073.

Mississippi

LA LEY: Código de Mississippi Comentado de 1972.

COMPENSACIÓN PARA LAS VÍCTIMAS DEL CRIMEN: Secciones 99-41-1 a 41-29.

DERECHOS DE LAS VÍCTIMAS: Secciones 99-36-5, 99-43-1 a 99-43-49, y Enmienda Constitucional Artículo 14.
- Se refiere a todos los crímenes y casos juveniles.
- Debe reportar el crimen dentro de los 5 días para ser elegible a los derechos, excepto que se demuestre buena causa.
- La policía debe notificar a la víctima si el acusado se escapa o es puesto en libertad.
- Tiene el mismo derecho que el acusado a estar presente en la corte.
- Derecho a transcripciones del procedimiento pagado por sí misma.
- Se puede retener la identidad de la víctima a petición si hubo amenazas o daños.
- Pedido de restitución.

ESTATUTOS DE LIMITACIÓN EN CASOS CIVILES: Sección 15-1-35 y Sección 15-1-49.

Missouri

LA LEY: Estatutos Comentados de Missouri de *Vernon*.

COMPENSACIÓN PARA LAS VÍCTIMAS DEL CRIMEN: Secciones 595.010 a 595.075.

DERECHOS DE LAS VÍCTIMAS: Secciones 595.200 a 595.215 y Enmienda Constitucional Artículo I, Sección 32.
- Se refiere a todos los crímenes peligrosos contra las personas; otros crímenes por petición.
- Debe reportar el crimen dentro de los 5 días o demostrar buena causa para ser excusada.
- Derecho a ser informada del estatus del caso.
- Derecho a ser notificada si el acusado fue puesto en libertad bajo fianza.
- Derecho a un área de espera segura que minimice el contacto con el acusado.
- Devolución de la propiedad dentro de los 5 días de haberla requerido.
- Derecho a información sobre restitución [Sección 595.209 (11)].
- El empleador no puede disciplinar a la víctima o su familiar por respetar la citación.

ESTATUTOS DE LIMITACIÓN EN CASOS CIVILES: Sección 516.140 y Sección 537.046.

Montana

LA LEY: Código Comentado de Montana. Las secciones del código están en una colección de volúmenes de tapa blanda, negra. Las anotaciones están en un juego separado de folletos de hojas sueltas.

COMPENSACIÓN PARA LAS VÍCTIMAS DEL CRIMEN: Código Comentado de Montana, Secciones 53-9-101 a 53-9-133.

DERECHOS DE LAS VÍCTIMAS: Secciones 46-24-101 a 46-24-213.
- Se refiere a crímenes graves, menores, daño físico o la familia de la víctima de homicidio.
- Se requiere que el Procurador General del estado le proporcione un formulario para notificar.
- El fiscal debe consultar el acuerdo antes de la disposición.
- El empleador no puede despedir o disciplinar a la víctima o su familiar por participar en el caso.
- A petición, la víctima de un delito grave puede someter una declaración a la junta de libertad condicional.
- Tiene derecho a notificación razonable cuando el acusado está libre porque tiene licencia, permiso de trabajo o está en un programa comunitario.

ESTATUTOS DE LIMITACIÓN EN CASOS CIVILES: Sección 27-2-204 y Sección 27-2-216.

Nebraska

LA LEY: Estatutos Revisados de Nebraska.

COMPENSACIÓN PARA LAS VÍCTIMAS DEL CRIMEN: Secciones 81-1801 a 81-1842.

DERECHOS DE LAS VÍCTIMAS: Secciones 81-1843 a 81-1850.
- Se refiere a crímenes definidos y a familiares de las víctimas de homicidio.
- Tiene derecho a una copia del reporte policial, de la orden de arresto y del auto de acusación.
- Está autorizada a recibir información sobre el estatus del caso y de las audiencias.
- Tiene derecho a testificar ante la junta de libertad condicional o a someter una declaración.
- Tiene derecho a notificación acerca de la disposición.
- Tiene derecho a ser notificada si el preso fue liberado legalmente, escapó o fue dejado en libertad después de cumplir su condena.
- El nombre y la información que identifica a la víctima no es información pública.

ESTATUTOS DE LIMITACIÓN EN CASOS CIVILES: Sección 25-207 y Sección 25-208.

Nevada

La ley: Estatutos Revisados de Nevada Comentados.

Compensación para las víctimas del crimen: Secciones 217.010 a 217.270 y Enmienda Constitucional Artículo I, Sección 8.

Derechos de las víctimas: Secciones 178.569 a 178.5698.
* Se refiere a las víctimas o a ciertos familiares de las víctimas.
* La policía deberá investigar y tomar medidas para proteger a la víctima de intimidación.
* Tiene derecho a notificación de las audiencias y los cambios de programa.
* Tiene derecho a hacer una llamada telefónica.
* A petición escrita, tiene derecho a recibir notificación por escrito.
* La corte proporcionará un área de espera segura para minimizar el contacto con el acusado.
* Tiene derecho a que se le retorne su propiedad rápidamente y a recibir información sobre dieta de testigo.
* Notificación de liberación de la custodia y disposición.
* Las víctimas de crímenes sexuales tienen derecho a tener una persona que les dé apoyo en la corte.
* Toda la información personal de la víctima que se haya recolectado es confidencial.

Estatutos de limitación en casos civiles: Sección 11.190 y Sección 11.215.

New Hampshire

La ley: Estatutos Revisados de New Hampshire Comentados.

Compensación para las víctimas del crimen: Sections 21-M:8-f to 21-M: 8-I.

Derechos de las víctimas: Sección 21-M:8-k.
* Se refiere a víctimas de delitos graves y a los familiares inmediatos de un menor, incompetente, o víctima de homicidio.
* Tiene derecho a información acerca de procesos de justicia criminal, asistencia a la víctima, servicios sociales, financieros, y compensación a la víctima del crimen.
* Derecho a que se le devuelva su propiedad.
* Notificación de procesos y planeamiento.
* Tiene el mismo derecho que el acusado de asistir a la corte.
* Tiene derecho de conferenciar con el fiscal y de ser consultada en cuanto a la disposición, incluyendo el acuerdo con el fiscal.
* La declaración del impacto a la víctima oral o escrita debe considerarse en la sentencia, incluyendo el acuerdo con el fiscal.
* Notificación de cambio de estatus, escape o liberación del prisionero, día de la audiencia de liberación condicional, y declaración oral o escrita del impacto en la víctima; notificación sobre la disposición.
* Notificación y derecho a asistir a procesos de apelación.

Estatutos de limitación en casos civiles: Sección 508:4.

New Jersey

LA LEY: NJSA (Para los Estatutos de New Jersey Comentados).

COMPENSACIÓN PARA LAS VÍCTIMAS DEL CRIMEN: Secciones 52:4B-1 a 52-4BV-33.

DERECHOS DE LAS VÍCTIMAS: Secciones 52:4B-34 a 4B-38 y Enmienda Constitucional Artículo I, ¶ 22.
- Se refiere a todos los crímenes de daños personales o a la propiedad.
- Derecho a incluir el familiar más cercano a la víctima de homicidio.
- Derecho a por lo menos un llamado telefónico.
- Notificación de línea de emergencia de 24 horas.
- Entregar la declaración del impacto en la víctima al fiscal antes de decidir si se presentarán cargos formales.
- Declaración en persona directamente al Juez referente al impacto.
- Pedido de restitución e información Sección 52:4B-36.
- Derecho a que se considere el impacto en la victima por el "parole" (liberación condicional del convicto).
- Debe recibir notificación del escape o liberación.

ESTATUTOS DE LIMITACIÓN EN CASOS CIVILES: Sección 2A:14-2.

New Mexico

LA LEY: Estatutos de New México de 1978 Comentados.

COMPENSACIÓN PARA LAS VÍCTIMAS DEL CRIMEN: Capítulo 31, Artículo 22.

DERECHOS DE LAS VÍCTIMAS: Secciones 31-26-1 a 31-26-14 y Enmienda Constitucional Artículo 2, Sección 24.
- Se refiere a crímenes definidos (incluyendo: incendio premeditado, ataque agravante, agresión mayor, asesinato, homicidio impremeditado, secuestro, penetración sexual criminal, contacto sexual criminal a un menor, homicidio, y daño físico grave hecho por un vehículo).
- Tiene derecho a incluir un representante familiar cuando la víctima es menor de edad, incompetente o ha fallecido.
- Debe reportar el crimen dentro de los 5 días o tener buena causa; los derechos son efectivos al presentar los cargos.
- La policía debe proporcionar contacto escrito y notificaci6n del estatus incluyendo el nombre y teléfono del fiscal.
- Debe designar un representante.
- El fiscal debe darle a la víctima derechos escritos 7 días después de presentar los cargos.
- Derecho a estar presente en los procedimientos de la corte.
- Derecho a notificación de escape.

ESTATUTOS DE LIMITACIÓN EN CASOS CIVILES: Sección 37-1-8.

New York

La ley: Leyes Consolidadas de New York de McKinney Comentadas. Estos libros están divididos por temas, como la "Ley Penal," "Leyes de Relaciones Domésticas," etc. así que asegúrese de tener el tomo correcto.

Compensación para las víctimas del crimen: Ley Ejecutiva de N.Y. Capítulo 620.

Derechos de las víctimas: Ley Ejecutiva de N.Y. Capítulos 640 al 620.
- Se refiere a delitos graves y a crímenes sobre la propiedad después de cierta suma.
- La policía deber entrevistar a la víctima en privado.
- La policía debe proporcionar a la víctima de crímenes sexuales notificación del centro de crisis para violaciones más cercano.
- Derecho a tener un área de espera segura para minimizar el contacto con el acusado durante su asistencia a los procesos de la corte.
- Derecho a entregar información de impacto en la víctima para que se considere en la sentencia.
- Derecho de restitución (Ley Penal, Sección 60.27).

Estatutos de limitación en casos civiles: N.Y. C.I.V. P.R.A.C.L.&R. Sección 214 y Sección 215.

North Carolina

La ley: Estatutos Generales de North Carolina. Los abogados y el Juez se refieren a éstos comúnmente como "Estatutos Generales de North Carolina," aunque ése no es el título impreso en la tapa de los tomos.

Compensación para las víctimas del crimen: Estatutos Generales de North Carolina, Secciones 15B-1 a 15B-25.

Derechos de las víctimas: 15A-824 y 15A-841 y Enmienda Constitucional.
- Se refiere a delitos menores serios, delitos graves y casos juveniles; incluyen a los familiares de la víctima de homicidio.
- Tiene derecho a pedirle al fiscal que objete las preguntas referentes al domicilio de la víctima.
- Debe recibir información sobre protección de daños.
- Tiene el mismo derecho de estar en corte que el acusado.
- A petición, derecho a entregar información de impacto en la víctima para que se considere en la sentencia.
- Puede requerir información sobre el escape o la liberación del prisionero.
- Derecho de restitución.

Estatutos de limitación en casos civiles: Sección 1-52(5) y Sección 1-54.

North Dakota

LA LEY: Código del Siglo de North Dakota Comentado.

COMPENSACIÓN PARA LAS VÍCTIMAS DEL CRIMEN: Secciones 54-23.4-01 a 54-23.4-18.

DERECHOS DE LAS VÍCTIMAS: Secciones 12.1-34-.01 a 12.1-34-.05.
- Se refiere a delitos graves, delitos menores específicos y casos juveniles.
- Derecho a ser informado del estatus de la investigación.
- Derecho a ser notificado de la presentación de cargos, procedimientos que se siguieron, condiciones y liberación de la sentencia previa, participación en la corte (notificación por adelantado) y aplazamientos.
- Derecho a información sobre servicios sociales.
- Derecho a un área de espera segura y a pronta devolución de la propiedad.
- No debe ser obligada a testificar acerca de su dirección, número telefónico o cualquier otra información personal sin la aprobación de la corte.
- Derecho a estar presente en la corte, sujeta a las normas de evidencia.
- Declaración escrita del impacto en la víctima; comentario sobre la sentencia y restitución; declaración oral a discreción del Juez.
- Notificación de disposición, liberación, escape, liberado por permiso de trabajo o en un centro de salud mental o comunitario; derecho a presentar la declaración de impacto en las citaciones de perdón y de libertad condicional.
- Derecho a presentar la declaración de impacto a la junta de "parole" (liberación condicional), al gobernador o a la junta de consulta de perdones.

ESTATUTOS DE LIMITACIÓN EN CASOS CIVILES: Seccion 28-01-18.

Ohio

LA LEY: Código Revisado de Ohio de *Page* Comentados. Busque el título del número, que será el mismo que los primeros dos números de la sección de números listada abajo. Por ejemplo, para encontrar la Sección 3103.05, usted debe buscar el tomo marcado con el "Título 31."

COMPENSACIÓN PARA LAS VÍCTIMAS DEL CRIMEN: Secciones 2743.51 a 2743.72; 2743.121; 2743.191; y 2743.20.

DERECHOS DE LAS VÍCTIMAS: Secciones 2930.01 a 2930.19; y la Constitución Art I, Sección 10a.
- Se refiere a cualquier delito grave y otros crímenes definidos.
- La víctima puede designar un representante; la corte puede designar un representante para menores, personas con discapacidades o víctimas fallecidas.
- La policía debe dar información escrita sobre los derechos, servicios financieros y sociales; y un número telefónico para contactarse.
- Notificación de arresto e información sobre la liberación; el fiscal puede requerir cancelación de la fianza si la víctima fue amenazada o dañada.
- Notificación de las audiencias planeadas; la víctima puede objetar las demoras; el fiscal debe hablar con la víctima antes de desechar los cargos o de registrar acuerdos; la víctima tiene derecho a que se le dé el nombre y el número del caso.
- Derecho a estar presente en corte, sujeta a normas de evidencia; derecho a un área de espera segura para minimizar contacto con el acusado; puede tener presente una persona para apoyo.
- No debe ser obligada a testificar acerca de su dirección, número telefónico u otra información similar si hubo amenaza o daño.
- La declaración del impacto en la víctima (escrita u oral) incluye restitución y comentario sobre la sentencia y liberación.
- Notificación sobre encarcelamiento, escape, liberación, o muerte.
- El empleador no puede disciplinar a la víctima o familiar por participar en el proceso.

ESTATUTOS DE LIMITACIÓN EN CASOS CIVILES: Section 2305.10 and Section 2305.11(a).

141

Oklahoma

LA LEY: Estatutos de Oklahoma Comentados.

COMPENSACIÓN PARA LAS VICTIMAS DEL CRIMEN: Título 21, Secciones 142.1 a 142.18.

DERECHOS DE LAS VÍCTIMAS: Título 19, Sección 215.33 y Enmienda Constitucional Artículo II, Sección 34.
- Se refiere a crímenes violentos y a casos juveniles.
- Incluye a un familiar de las víctimas de homicidio y a los testigos del crimen.
- Derecho a recibir información sobre métodos de protección contra amenazas.
- Derecho a un área de espera segura mientras asiste al proceso de la corte.
- Notificación de servicios sociales y financieros; intercesión empresarial.
- Derecho a notificación de audiencias ya planeadas y a aplazamientos.
- Información sobre acuerdos con el fiscal.
- Declaración del impacto a la víctima para que la corte la considere en la sentencia.
- Información sobre revertir la convicción.

ESTATUTOS DE LIMITACIÓN EN CASOS CIVILES: Título 12, Sección 95(4) y Título 12, Sección 95(6).

Oregon

LA LEY: Estatutos Revisados de Oregon Comentados.

COMPENSACIÓN PARA LAS VICTIMAS DEL CRIMEN: Secciones 147.005 a 147.365.

DERECHOS DE LAS VÍCTIMAS: Secciones 147.405 a 147.415 y Enmienda Constitucional Artículo I.
- Declara que las víctimas tienen derecho a un tratamiento justo e imparcial.
- Las víctimas deben estar protegidas en cada etapa del proceso.

ESTATUTOS DE LIMITACIÓN EN CASOS CIVILES: Título 12, Sección 110.(12.110) y Título 12, Sección 117 (12.117).

Pennsylvania

LA LEY: Estatutos Consolidados de Pennsylvania *de Purdo*n Comentados.

COMPENSACIÓN PARA LAS VÍCTIMAS DEL CRIMEN: Título 71, Secciones 11.701 a 11.710.

DERECHOS DE LAS VÍCTIMAS: Título 18, Secciones 11.102 a 11.216.
- Se refiere a crímenes específicos; permite que un familiar o defensor acompañe a la víctima al proceso.
- Personal específico de justicia criminal es responsable de proporcionar información básica sobre la víctima, incluyendo información sobre compensación a las víctimas del crimen, por escrito 24 horas después de haber tenido contacto.
- La dirección y el teléfono de la víctima no puede ser diseminada a nadie más que a la policía, al fiscal y a correcciones sin el consentimiento de la víctima.
- En casos de crímenes por daños personales, la policía debe notificar si hubo arresto y si escapó de la custodia.
- En casos de crímenes por daños personales, robo por allanamiento de la morada o de ciertos crímenes de vehículos, el derecho a comentario antes de la decisión del fiscal de reducir o dejar sin efecto los cargos o de aceptar o cambiar el acuerdo.
- Puede hacer una declaración del impacto en la víctima en la corte para que se le considere en la sentencia; derecho a restitución, si es posible.
- Puede dar información sobre el impacto en la víctima para consideración de perdón o de libertad condicional.
- Tiene derecho a tener información en cuanto a liberación normal, por permiso de trabajo individual, con licencia, por tratamiento comunitario, escape, o por transferencia a un centro de salud mental.

ESTATUTOS DE LIMITACIÓN EN CASOS CIVILES: Título 42, Sección 5524.

Puerto Rico

LA LEY: Leyes de Puerto Rico Comentadas (L.P.RA.).

COMPENSACIÓN PARA LAS VÍCTIMAS DEL CRIMEN: 25 L.P.R.A. 981.

DERECHOS DE LAS VÍCTIMAS: Seguridad Interna: Título 25, Sección 973.
- A ser tratada con compasión.
- Acceso libre a un teléfono para comunicar a su familia, parientes o abogado tan pronto como esté en contacto con el sistema de justicia criminal.
- Domicilio y números telefónicos deben ser confidenciales cuando sea necesario por seguridad.
- Privilegio de comunicación para la víctima y su abogado.
- Derecho a protección de daños.
- Derecho a información sobre programas médicos, psicológicos, sociales y de asistencia financiera que estén disponibles en el Estado Libre Asociado de Puerto Rico.
- Debe ser notificada del desarrollo de la investigación, el proceso y la sentencia del acusado.
- Debe ser consultada antes de llegar a un acuerdo acerca de la demanda.
- Derecho a estar presente en todas las etapas del proceso permitidas por la ley.
- Derecho a tener un área de espera separada.
- Derecho a hacer una declaración de impacto a la víctima para la corte.
- Derecho a salir del trabajo para participar en el proceso de justicia criminal.
- Derecho a restitución.
- Derecho a devolución de la propiedad tomada como evidencia.
- Procedimientos especiales para menores y aquellas personas con discapacidades.
- Derecho a hacer un declaración del impacto en la víctima en los procesos de liberación condicional.(Poder Judicial: Título 4, Sección 1503a).

ESTATUTOS DE LIMITACIÓN EN CASOS CIVILES: 31 L.P.R.A. Section 5298.

Rhode Island

LA LEY: Leyes Generales de Rhode Island. Ignore los números de "Título" y "Capítulo".

COMPENSACIÓN PARA LAS VICTIMAS DEL CRIMEN: Leyes Generales de Rhode Island, Secciones 12-25-16 a 12-25-30.

DERECHOS DE LAS VÍCTIMAS: Secciones 12-28-1 a 12-28-12; y Constitución, Artículo I, Sección 23.
- La víctima debe hacer un "reporte oportuno" y cooperar con la policía.
- La policía debe notificar a la víctima del estatus al menos cada 3 meses.
- Se designará un familiar en caso de muerte o incapacidad de la víctima.
- Derecho a notificación de acusación y libertad bajo fianza, y procesos de la corte donde se require la presencia de la víctima; derecho a dar su opinión en la audiencia de alegato.
- En los casos de delitos menores, derecho de dirigirse a la corte sobre el impacto y la disposición en la conferencia previa al juicio, a discreción del Juez.
- Notificación de métodos disponibles sobre protección de intimidación; y lugar de espera segura para minimizar el contacto con el acusado mientras está en la corte.
- Notificación disponible de intercesión, dieta de testigo (witness fee), devolución de propiedad y servicios financieros y sociales.
- En casos de delitos graves, el derecho a dirigirse a la corte sobre el impacto y la sentencia, y el impacto a la víctima para consideración de libertad condicional; un familiar en casos de homicidio.
- Notificación de disposición y liberación de encarcelación.
- Derecho a requerir restitución; sentencia automática.
- Después de la condena de delitos graves, la sentencia civil automáticamente se registra formalmente como deuda.

ESTATUTOS DE LIMITACIÓN EN CASOS CIVILES: Sección 9-1-14 y Sección 9-1-51.

South Carolina

LA LEY: Código de Leyes de South Carolina.

COMPENSACIÓN PARA LAS VICTIMAS DEL CRIMEN: Código de Leyes de South Carolina, Secciones 16-3-1110 a 16-3-1350.

DERECHOS DE LAS VÍCTIMAS: Secciones 16-3-1510 a 16-3-1565.
- Se refiere a cualquier víctima que sufra daño físico, emocional o financiero como resultado del crimen.
- Las víctimas muy jóvenes, ancianas, o con discapacidades tienen derecho a consideraciones y atenciones especiales.
- Derecho a libertad de intimidación y a un área de espera segura mientras están en la corte; la policía debe proveer transporte a la corte y protección física en la corte; el empleador no debe tomar represalias por responder a una citación de la corte.
- Información sobre servicios sociales y financieros, dieta de testigo, disponibilidad de compensación para la víctima de crimen, y remedios civiles incluyendo carga a las ganancias.
- Notificación de libertad bajo fianza y recomendaciones que sehicieron, procesos, audiencias, aplazamientos a tiempo para poder asistir.
- Derecho a asistir a la corte (a discreción del Juez); derecho a tener representación de su abogado en casos que tengan que ver con la reputación de la víctima.
- Derecho a conferenciar con el fiscal y de tener información sobre la defensa.
- Derecho a presentar al Juez la declaración del impacto en la víctima oral o escrita la consideración en la sentencia; la restitución es mandatoria (Sección 17-25-322).
- Notificación de disposición y liberación de encarcelamiento.

ESTATUTOS DE LIMITACIÓN EN CASOS CIVILES: Sección 15-3-530 y Sección 15-3-550.

South Dakota

LA LEY: Leyes Codificadas de South Dakota.

COMPENSACIÓN PARA LAS VÍCTIMAS DEL CRIMEN: Secciones 23A-28B-1 a 23A-28B-44.

DERECHOS DE LAS VÍCTIMAS: Secciones 23A-28C-1 a 23A-28C-6.
- Se refiere a crímenes violentos, ciertos crímenes de vehículos y violencia doméstica.
- Se designará a un familiar como representante en caso de muerte de la víctima.
- La víctima notificará al fiscal para participar y le proporcionará su domicilio; tiene derecho a saber el nombre del fiscal asignado al caso y de ser preparada como testigo.
- Notificación de audiencias de fianza planeadas, liberación y el derecho a testificar sobre el peligro (Sección 23A28C-1(3)).
- Notificación de cargos y elementos; y fechas de audiencias y juicios preliminares.
- Información sobre protección de intimidación.
- Derecho a estar presente en corte, a discreción del Juez.
- La víctima tiene derecho a dar su opinión en las negociaciones con el fiscal e información sobre el impacto (oral o escrita) así como dar su comentario a la corte sobre la sentencia; también a dar la información escrita sobre el impacto para que sea considerada en las audiencias de conmutación o de libertad condicional.
- La restitución debe ser requerida en las sentencias de libertad condicional o encarcelación.
- Notificación de disposición y liberación de encarcelación.

ESTATUTOS DE LIMITACIÓN EN CASOS CIVILES: Sección 15-2-15 y Sección 26-10-25.

Tennessee

LA LEY: Código de Tennessee Comentado.

COMPENSACIÓN PARA LAS VÍCTIMAS DEL CRIMEN: Secciones 29-13-101 y 29-13-118.

DERECHOS DE LAS VÍCTIMAS: Secciones 40-38-101 a 40-38-302 y Enmienda Constitucional Artículo I, Sección 35.
- Se refiere a todos los crímenes.
- La información acerca de los procesos y etapas del proceso de justicia criminal.
- Prioridad en el planeamiento de los crímenes contra personas.
- Información sobre recuperación de la propiedad y compensación a la víctima de un crimen.
- En casos de crimen violento que involucra muerte o daño serio, notificación de libertad bajo fianza; en otros casos, puede requerir información.
- Notificación de la hora, la fecha y la localización de las audiencias y de los aplazamientos.
- Información sobre las negociaciones y los acuerdos con el fiscal; en casos de crímenes violentos que implican muerte o daños serios, el derecho a darle la declaración de impacto a la corte y de hablar en las audiencias de libertad condicional.
- En casos de delitos graves que impliquen muerte o daños a la víctima, la declaración del impacto en la víctima se convierte en parte del reporte de investigación de presencia.
- La información sobre la liberación, proceso de apelación, derechos de restitución y derechos a proceso civil.

ESTATUTOS DE LIMITACIÓN EN CASOS CIVILES: Sección 28-3-104.

Texas

LA LEY: Códigos de Texas *de Vernon* Comentados. Estos libros están divididos en temas, como "Remedios y Práctica Civil," "Familia," "Validación de Testamentos," así que asegúrese de que tiene el tomo correctamente titulado.

COMPENSACIÓN PARA LAS VÍCTIMAS DEL CRIMEN: Código del Proceso Criminal, Secciones 56.31 a 56.61.

DERECHOS DE LAS VÍCTIMAS: Secciones 56.01 a 56.12; y Constitución, Artículo I, Sección 30.
- Se refiere a crímenes de daños físicos o muerte; incluye agresión sexual, secuestro y robo agravante.
- La víctima incluye un guardián o familiar cercano al fallecido.
- Derecho de protección adecuada de daños y amenazas.
- Al iniciar contacto, la policía proporciona información escrita sobre el proceso, la fianza, los acuerdos y la restitución disponibles, la apelación y la compensación a la víctima del crimen.
- Consideración sobre la fianza debe incluir la seguridad de la víctima.
- Dentro de los 10 días de presentar los cargos, el fiscal proporciona notificación de los derechos de la víctima, incluyendo el derecho a requerir notificación de la hora, el día y el lugar de las audiencias y aplazamientos.
- Tiene derecho a tener un área de espera segura mientras asiste a la corte; a una devolución rápida de la propiedad; y a intercesión empresarial.
- Derecho a estar presente en corte, sujeto a discreción del Juez.
- Tiene derecho a dar la declaración del impacto en la víctima a la oficina de libertad condicional para que se incluya en el reporte investigador de la presentencia; requiere notificación del escape o liberación del acusado.
- Notificación de los procedimientos de libertad condicional.
- El teléfono de la víctima no es del dominio público y el domicilio debe ser confidencial excepto que sea la escena del crimen.

ESTATUTOS DE LIMITACIÓN EN CASOS CIVILES: Recursos y Práctica Civil, Sección 16.003 y Recursos y Práctica Civil, Sección 16.0045.

Utah

LA LEY: Código de UTA Comentado.

COMPENSACIÓN PARA LAS VÍCTIMAS DEL CRIMEN: Secciones 63-25a-401 a 63-25a-428.

DERECHOS DE LAS VÍCTIMAS: Secciones 77-38-1 a 77-38-14; y Constitución, Artículo I, Sección 28.
- Se refiere a los crímenes de delitos graves, a ciertos delitos menores y a casos juveniles.
- Permite designar un representante para la víctima.
- Dentro de los 7 días de presentar el delito grave, el fiscal debe proporcionar notificación inicial (oral o escrita) sobre cómo escoger recibir más noticias, incluyendo noticia de "audiencias de corte importantes".
- Sometiéndose a las normas de evidencia, la víctima tiene el derecho de estar presente en audiencias importantes y de ser escuchada en la primera comparecencia del acusado en temas relacionados con la liberación del acusado.
- El domicilio de la víctima, el número de teléfono y la declaración del impacto en la víctima no son del dominio público, y la víctima no debe ser obligada a testificar su número telefónico, dirección, lugar de empleo ni ninguna otra información que la identifique, excepto que ella específicamente lo consienta o que la corte decida que hay una necesidad obligatoria de revelar esa información.
- La corte debe considerar los intereses de la víctima en los aplazamientos.
- Puede hacer que la declaración del impacto en la víctima, ya sea oral, escrita, por cinta auditiva o de video, se incluya en el reporte investigativo de presencia; cuando el número de víctimas es mayor de 5, la corte puede limitar las declaraciones orales al número de víctimas característico.
- La junta de perdón y de libertad condicional debe proporcionar notificación de las audiencias y procesos de libertad condicional (parole).

ESTATUTOS DE LIMITACIÓN EN CASOS CIVILES: Sección 78-12-28 y Sección 78-12-25.1.

Vermont

LA LEY: Estatutos de Vermont Comentados. Ignore los números de los "Capítulos".

COMPENSACIÓN PARA LAS VÍCTIMAS DEL CRIMEN: Título 13, Secciones 5351 a 5358.

DERECHOS DE LAS VÍCTIMAS: Título 1, Secciones 5301 a 5321.
- Se refiere a crímenes que comprenden daños físicos o muerte; incluyendo casos juveniles.
- La víctima incluye los familiares del fallecido, menor o víctima incompetente; también se refiere a "personas afectadas".
- El crimen debe ser reportado a las autoridades; la víctima tiene derecho a notificación de audiencia fianza y a dar su opinión en la decisión de salir bajo fianza.
- Debe haber disponibles información en cuanto a protección, dieta de testigo y restitución.
- Tiene derecho a consejería a corto plazo y a referencias.
- Notificación de servicios sociales y financieros, devolución rápida de su propiedad y su empleador no debe disciplinar a la víctima o familiar por responder la citación de corte.
- Tiene derecho a que se la transporte hacia y desde la corte cuando sea necesario.
- Excepto en casos juveniles, tiene derecho a notificación oportuna de las audiencias aplazamientos, disposición final, liberación y escape y libertad bajo fianza; y a estar presente en los procesos de corte.
- Derecho a proporcionar declaración del impacto en la víctima durante la sentencia.
- Se debe proteger el domicilio y el empleo de la víctima a menos que vaya a perjudicar al acusado.

ESTATUTOS DE LIMITACIÓN EN CASOS CIVILES: Título 12, Sección 512; Título 12, Sección 522 (1991); y Título 12, Sección 560.

Virginia

LA LEY: Código de Virginia 1950. Ignore los números de los "Capítulos".

COMPENSACIÓN PARA LAS VÍCTIMAS DEL CRIMEN: Secciones 19.2-368.1 a 19.2-368.18.

DERECHOS DE LAS VÍCTIMAS: Secciones 19.2-11.01 a 19.2-11.04, 19.2-299.1 y Enmienda Constitucional Artículo I, Sección 8-A.
- Se refiere a todas las personas que sufren daños como resultado de un delito grave u otros crímenes definidos (incluyendo asalto y agresión).
- Deben recibir información sobre servicios sociales y financieros, compensación a las víctimas de un crimen, devolución de su propiedad, intercesión empresarial y el derecho a un intérprete.
- Notificación de los procesos judiciales y aplazamientos.
- Información sobre intimidación y protección disponibles; el derecho de tener un área de espera separada para minimizar el contacto con el acusado; y el derecho a procesos de corte especiales para ciertas ofensas sexuales.
- El domicilio, número telefónico u otra información similar privada de la víctima es confidencial excepto que la corte ordene lo contrario; tiene el derecho a pedirle a las autoridades que no divulguen la dirección, el teléfono o el lugar de empleo de la víctima.
- La declaración escrita del impacto a la víctima para presentar a la corte (sujeta a las normas de evidencia) para considerarse durante la sentencia, la cual puede presentarse oralmente.
- Notificación de escape o liberación del prisionero.

ESTATUTOS DE LIMITACIÓN EN CASOS CIVILES: Sección 8.01-243(a) y Sección 8.01-249(6).

Washington

LA LEY: Códigos Revisado de Washington de *West* Comentado.

COMPENSACIÓN PARA LAS VICTIMAS DEL CRIMEN: Secciones 7.68.070 a 7.68.340.

DERECHOS DE LAS VÍCTIMAS: Secciones 7.69.010 a 769A.050; y Constitución, Artículo II, Sección 35.
- Se refiere a delitos graves y delitos menores.
- Las víctimas de crímenes sexuales o violentos reciben una declaración de derechos escritas al reportar el crimen con el programa de información víctima/testigo del crimen.
- Las víctimas de crímenes sexuales o violentos deben tener un defensor de víctimas del crimen presente en las entrevistas.
- Información sobre devolución de la propiedad, la disposición final y dieta de testigos, intercesión empresarial y asistencia a la víctima.
- La notificación de las audiencias y aplazamientos incluyendo la hora, fecha y lugar del juicio y sentencia y el derecho de estar presente en la corte.
- Derecho a protección de daños o amenazas; área de espera segura para minimizar el contacto con el acusado.
- Declaración (escrita) del impacto en la víctima incluyendo el reporte investigativo de la presentencia; presentación oral en la audiencia de sentencia; en persona, cinta auditiva o de video de la declaración de impacto en la audiencia de perdón o de conmutación (cambio) de sentencia.
- La restitución es obligatoria, excepto que la corte ordene lo contrario [Sección 7.69.030(15)].
- Proceso especial para niños víctimas.

ESTATUTOS DE LIMITACIÓN EN CASOS CIVILES: Sección 4.16.080, 4.16.100, y Sección 4.16.340.

West Virginia

LA LEY: Código de West Virginia.

COMPENSACIÓN PARA LAS VICTIMAS DEL CRIMEN: Código de West Virginia, Secciones 14-2A-1 a 14-2A-29.

DERECHOS DE LAS VÍCTIMAS: Secciones 61-11A-1 a 61-11A-8.
- Se refiere a cualquier delito grave.
- La víctima incluye un representante familiar para la víctima fallecida.
- La policía proporciona información sobre los derechos, el papel de la víctima y los procedimientos y servicios sociales, financieros y de crisis.
- El fiscal provee los pasos disponibles para protección de intimidación.
- Requiere notificación de arresto, comparecencia inicial, libertad bajo fianza, cambios de audiencias y de planeamientos, registro de alegato, juicio y sentencia.
- El fiscal debe consultar a la víctima de un crimen serio en cuanto a la disposición del caso, libertad bajo fianza y acuerdo con el fiscal, programa de desviación.
- En los casos que comprenden daños a la víctima, la declaración del impacto (escrita) debe estar incluida en el reporte investigador de la presentencia; en los casos de niños víctima, recomendaciones sobre el efecto de la disposición en la víctima; declaración oral del impacto en la víctima a la corte para consideración en la sentencia.
- Notificación del escape o liberación del prisionero.
- La restitución es obligatoria (Sección 61-11 A-4) y puede ser impuesta por el estado o por la víctima como sentencia civil.

ESTATUTOS DE LIMITACIÓN EN CASOS CIVILES: Sección 55-2-12.

Wisconsin

LA LEY: Estatutos de Wisconsin de *West* Comentados. Ignore los números de "Capítulo".

COMPENSACIÓN PARA LAS VICTIMAS DEL CRIMEN: Secciones 949.001 a 949.18.

DERECHOS DE LAS VÍCTIMAS: Secciones 950.01 a 950.08; y Constitución, Artículo I, Sección 9m.
- Se refiere a crímenes y casos juveniles.
- La víctima incluye a la familia de la víctima de homicidio.
- Debe reportarse el crimen a las autoridades quienes le darán notificación de sus derechos a la víctima dentro de las 24 horas.
- Información sobre sus derechos, servicios financieros y sociales, dieta de testigos e intercesión empresarial.
- Notificación de libertad bajo fianza en los casos de delitos graves.
- Notificación sobre las audiencias, aplazamientos y la disposición final; derecho a tener interés que se considere en los aplazamientos.
- Derecho a protección de daños y amenazas; derecho a un área de espera segura para minimizar contacto con el acusado.
- La declaración de impacto en la víctima y el dar su opinión en las decisiones de libertad condicional.
- Notificación de liberación a la comunidad o de libertad condicional; notificación de solicitud de perdón al gobernador.
- Proceso especial para los niños víctima.

ESTATUTOS DE LIMITACIÓN EN CASOS CIVILES: Sección 893.54, Sección 893.57, Sección 893.585, y Sección 893.587.

Wyoming

LA LEY: Estatutos de Wyoming Comentados.

COMPENSACIÓN PARA LAS VICTIMAS DEL CRIMEN: Secciones 1-40-101 a 1-40-119.

DERECHOS DE LAS VÍCTIMAS: Sección 1-40-201 a 1-40-210.
- Se refiere a todos los crímenes.
- La policía proporciona información sobre los derechos, los servicios sociales y financieros, un intérprete o traductor, devolución de la propiedad, intercesión empresarial; y el número telefónico del oficial asignado al caso.
- Debe recibir información sobre el derecho a estar libre de intimidación y asegurar el área de espera para minimizar el contacto con el acusado; derecho a tener interés en que el caso sea considerado para las aplazamientos.
- Notificación del estatus de investigación y liberación del acusado.
- Tiene derecho al nombre y número telefónico del fiscal asignado al caso.
- Notificación de las audiencias planeadas, disposición, sentencia, cárcel y liberación.
- Las víctimas están protegidas de ser despedidas por su empleador debido a estar involucradas en los procedimientos de corte, incluyendo el responder a citaciones.
- Tiene el mismo derecho que el acusado de estar presente en corte y de participar.
- La declaración (escrita) del impacto en la víctima incluida en el reporte de presentencia y la declaración del impacto en la víctima oral se presentan en la audiencia de sentencia.
- Notificación de escape, liberación o condiciones de libertad condicional.

ESTATUTOS DE LIMITACIÓN EN CASOS CIVILES: Sección 1-3-105 y Sección 1-3-105(b).

APÉNDICE C
DECLARACIÓN DEL IMPACTO EN LAS VÍCTIMAS

Este apéndice incluye un simple formulario. Utilícelo como guía cuando complete o escriba los formularios que se emplean en su estado o municipalidad.

Declaración del Impacto en la Víctima

NOTA: *Esta declaración debe ser considerada antes que el ofensor sea sentenciado. Consulte con el fiscal para ver si tiene un formulario que usted pueda seguir o utilice el que se encuentra a continuación.*

Declaración del Impacto en la Víctima

CASO: Estado versus ___John Smith___ [nombre del ofensor]
ORDEN DEL DÍA/NÚMERO DE CASO: ___2001 CR 1009___
CRIMEN [detalle los crímenes]:
 ___Intendo de robo a mano armada___
 ___Ataque grave vehicular___

Información de la Víctima:

NOMBRE ___Rhonda Jones___ EDAD _46_ TELÉFONO ___omitido___
DIRECCIÓN ___omitida___ CIUDAD_____
ESTADO____
DIRECCIÓN DEL TRABAJO ___Omitida___ CIUDAD_____
ESTADO___

FUI VÍCTIMA DE: [describa el crimen]
El crimen mencionado arriba fue cometido por el demandado el 10 de junio del 2000, cuando el acusado intentaba robarme apuntándome con un revólver, luego me tiró fuera del auto y me robó mi Córsica 1997, dejándome tendida por el suelo, en la calle.

Pérdida Sufrida
[complete las secciones que se refieran a su caso; incluya documentación cuando sea posible]

HE SUFRIDO DAÑOS FÍSICOS : [incluye descripción de cuidado médico o tratamiento de emergencia, terapia etc., posible impedimento físico basado en evaluación médica o declaración del doctor]
Me llevaron en ambulancia al hospital de Janesville en donde me trataron por fractura de cadera, numerosos hematomas y contusiones y me pusieron 4 puntos en la cabeza. Mis deudas alcanzaron un total de $7.500 y continúo con la terapia para la cadera, la cual durará 9 meses, a un costo estimado de $2.500 más. La medicación me cuesta otros $500.

SUMA DE GASTOS MÉDICOS:
$___7,000.00___ (EN LA FECHA:de sentencia) (coloque la fecha de sentencia)
$___10,000.00___ (ESTIMADOS)

FUI AFECTADA SICOLÓGICAMENTE: [incluye la descripción de tratamientos o cuidados sicológicos, hospitalización; explicar el tratamiento del doctor, consejería, terapia, etc. Estimadas consejerías, terapia, cuidado siquiátrica]
He ido a sesiones mensuales de consejería debido a miedos que he desarrollado como consecuencia del crimen. Cada sesión cuesta $25 y he participado en 12 sesiones. Intentaré continuar durante los próximos 12 meses.

SUMA DE CONSEJERÍA/GASTOS DE TERAPIA:
$___300.00___ (EN LA FECHA:de sentencia) (coloque la fecha de sentencia)
$___300.00___ (ESTIMADOS)

EL CRIMEN ME AFECTÓ PERSONALMENTE PORQUE: [describa daños emocionales, cambios de estilo de vida, cambios de actitud, cambio en las relaciones sociales y familiares]
A consecuencia del crimen no me he sentido confiada en mi auto. No puedo estacionar en un garaje y no le creo a nadie que parece que me está observando. He tenido que cambiar de trabajo, porque no puedo estar afuera cuando oscurece. Esto ha interrumpido mi trabajo en una clase de la universidad. También estoy sufriendo con el trato de mis familiares, porque no comprenden mis miedos.

ESTE CRIMEN LE HA AFECTADO A MI FAMILIA PORQUE: [describa daños emocionales, cambios de estilo de vida cambios de actitud, cambio con las relaciones familiares y sociales]
Mi familia, especialmente mi marido, ha sido profundamente afectado por el crimen. Siempre pido que me lleven a todos lados, pues con mi cadera lastimada no me siento segura. Es muy difícil para ellos.

HE INCURRIDO EN PÉRDIDAS RELACIONADAS CON EL TRABAJO: [Incluye descripción de cómo esto ha afectado en su habilidad para ganarse un salario, pérdida de trabajo, salario, días, y pérdidas futuras estimadas]
He cambiado de trabajo por el crimen y perdí mi oportunidad de ascenso, porque no me he sentido segura para viajar por la noche como lo requería mi trabajo anterior. He perdido por lo menos $10.000 dólares de salario anual.

SÍ PUEDO/NO PUEDO PARTICIPAR EN EL PROGRAMA DE COMPEN-
SACIÓN DE LOS TRABAJADORES (WORKMEN'S COMPENSATION)
SI ESTOY CUBIERTA. TENGO/NO TENGO QUE SOLICITAR

SUMA DE GASTOS QUE INVOLUCRAN EL TRABAJO:
$ 15,000 (EN LA FECHA: de sentencia) (coloque la fecha de sentencia)
$ 10,000 o más cada año (GASTOS ESTIMADOS)

HE INCURRIDO EN GASTOS RELACIONADOS CON PÉRDIDA DE LA
PROPIEDAD: [incluye descripción de propiedad, daños o pérdidas, costos de
reparación, reemplazo de las pérdidas]
Han encontrado a mi automóvil abandonado y golpeado, imposible de
reparar. Su valor fue de $12.000. También todo mis valores que se
encontraban adentro del automóvil fueron robados o arruinados y he
perdido varios discos musicales, archivos y otros artículos valiosos.

¿TIENE LA POLICÍA CUSTODIA DE LA PROPIEDAD?
Solamente el automóvil y valores recuperados.

SUMA POR PÉRDIDA DE LA PROPIEDAD:
$ $13,000 (A LA FECHA: de sentencia) (coloque la fecha de sentencia)
$ _____ (GASTOS ESTIMADOS)

HE INCURRIDO EN OTRAS PÉRDIDAS: [incluya descripción de otros daños o pérdidas]
He tenido que pagar gastos de transporte hasta que el seguro
reemplazó mi automóvil.

SUMA DE PÉRDIDAS:
$ 340.00 (A LA FECHA: de sentencia) (coloque la fecha de sentencia)
$ _____ (ESTIMADOS)

SIENDO VÍCTIMA DEL CRIMEN: [incluya cómo se siente en cuanto al proceso
de justicia criminal y acerca de su papel en este caso]
Todas las noches revivo lo ocurrido. Siento que esto es parte
de mí. Tengo un sentimiento que pareciera que nunca
terminará. El caso toma mucho tiempo para completarse y esto
ha demorado mi habilidad de continuar con mi familia. Estoy
contenta de tener un defensor de víctimas en la oficina del
fiscal, que me ayuda a pasar estas circunstancias.

AUNQUE EL JUEZ HARÁ LA DECISIÓN SOBRE LA APROPIADA SENTENCIA, ME GUSTARÍA VER QUE EL OFENSOR SEA SENTENCIA-DO A: [incluya cualquiera de los siguientes: LIBERTAD CONDICIONAL, RESTITUCIÓN, CÁRCEL O PRISIÓN, OTRAS]
DESCRIBA CUALQUIER OTRA INFORMACIÓN QUE DESEE QUE SEA CONSIDERADA POR LA CORTE.

Creo que esta persona debería pagar por este crimen, al menos por el tiempo que yo tenga que vivir con esto. Él no debería estar libre en la sociedad por un largo tiempo para que pueda pensar en lo que ha hecho. Recomiendo que tenga 15 años de prisión.

Según mi entender, la información arriba proporcionada es verdadera y correcta. Entiendo que presentar un reclamo de restitución no afecta a mis derechos de presentar una demanda civil o solicitar una Compensación para la Víctima del Crimen (Crime Victim's Compensation).

Rhonda Jones   *2 de mayo del 2001*
Nombre   Fecha

ÍNDICE

A

abogado, 7, 28, 44, 45, 51, 54, 66, 67, 89, 95-100
    defensor, 28, 66, 67
abogado defensor. *Ver* abogado
absolución, 7
acercarse cautelosamente, 3, 58
acoso, 3
    telefónico, 3
acoso ilegal, 20
    amenazas continuas, 20
    de un testigo, 20
acuerdo con el fiscal, 18, 24, 61-64
acusación, 54
acusado, 2, 5, 6, 7, 8, 9, 10, 18, 20, 22, 23, 24, 26,
    44, 45, 47, 48, 51, 52, 53, 54, 55, 58, 59, 61,
    62, 65, 68, 69, 71, 73, 74, 75, 76, 78, 79, 89,
    90, 95, 100
acusador pública, 2, 53, 60
agresión, 2, 3, 9, 26
alegato, 54, 61, 62, 65
    acuerdo, 18, 24
    culpabilidad, 18, 54, 61, 62, 65
    negociaciones, 24
    no culpabilidad, 54
alojamientos, 13
antecedente criminal, 61
apelación, 79-80
aplazamientos, 21, 23, 51, 53, 54, 60
arresto, 23, 43-46, 48, 54, 55, 59, 84
asalto, 3, 8
asalto sexual, 70
asesinato, 3, 4, 18, 48, 55, 70, 71
    de primer grado, 4
    de segundo grado, 4
asociación del cuerpo de abogados, 96-97
atentado sexual, 2, 3, 8, 30, 49, 85-86
    inscripción de leyes, 86
audiencia ante la corte, 18, 20, 24, 28, 62
audiencia para la fianza, 23, 55, 58
audiencia para la sentencia, 74-75
audiencia preliminar, 54, 58, 66

C

campamento de entrenamiento, 70, 72
carga de la prueba, 6, 58

caso, 1, 2, 5, 6-10, 17, 18, 20, 23, 24, 26, 28, 29, 31,
    33, 35, 47, 48, 49, 51, 52, 53, 54, 55, 59, 60, 65
castigo, 2, 61, 69
causa probable, 49, 58
ciberdelito, 87-88
citación, 78
compensación. *Ver* indemnización
condena, 6, 23, 24, 48, 54, 59, 65, 70, 72, 77, 79, 89
conducir bajo los efectos del alcohol, 84
confesión, 59
conjunto de recolección de evidencias de violación.
    Ver evidencia
consejería en momentos de crisis, 14-15
consentimiento. *Ver* acoso ilegal
Constitución de los Estados Unidos, 5, 53, 65
    Primera Enmienda, 29
    Quinta Enmienda, 6
    Sexta Enmienda, 7
corte, 1, 13, 15, 17, 21, 23, 25, 28, 29, 30, 31, 52,
    55, 56, 57, 59, 60, 61, 62, 63, 66, 72, 73, 74,
    76, 78, 79, 81, 83, 84, 90, 98
    apelación, 79
    civil, 74, 90
    criminal, 17, 23, 59, 60, 89, 90
    estado, 1
    federal, 1, 69
    juvenil, 23
    procedimiento, 19, 23, 24, 28, 51, 52, 68
crimen violento, 11
crímenes a la propiedad, 11
criminal, 2, 4, 5-6, 9, 10, 17, 18, 21, 22, 24, 28, 33,
    34, 43, 47, 49, 65, 68, 81, 82, 84, 89, 90
    juvenil, 5-6

D

daños legales, 26
daños y perjuicios, 89-93
declaración de derechos para las víctimas, 22-25
    acosados ilegalmente, 53
    deposición sin demora, 53, 60
    derecho a la información, 23-25
    derecho a la participación, 18
    derecho a los servicios, 23
    devolución de la propiedad, 25
    liberación de acoso legal, 23
declaración del impacto en la víctima, 24, 63, 75-77

defensa, 6, 7-10, 51, 52, 53, 60, 68
defensor de la víctima del crimen, 14, 15, 20, 27, 28
delincuencia. *Ver* criminal
delito grave, 2, 3, 48, 57
delito menor, 2, 3, 47, 48
demandante, 97, 99, 100
deposición, 60, 98
derecho a un proceso imparcial, 53
derechos llamados Miranda, 45
desfile, 43, 44
detective, 44, 46
disolución. *Ver* absolución
DNA. *Ver* evidencia
doble riesgo, 79
drogas, 3, 9, 67
duda razonable, 48

E

elementos de los crímenes, 4-5
encarcelamiento, 6, 70, 71-72, 81
encarcelamientos periódicos, 70, 72
estatuto de limitaciones, 49
estrategias de la defensa, 7-10
    acto involuntario, 8
    consentimiento o elaboración, 7, 8
    culpable pero enfermo mental, 10
    defensa propia, 9
    dulce defensa, 10
    evidencias son insuficientes, 7
    identificación errónea, 7, 9
    incredibilidad, 8
    inducido por un funcionario público a
        cometer delito, 8
    insania, 10
    insania temporaria, 10
    violación de derechos, 7, 8
evaluacion siquiátrica, 10
evidencia, 6, 7, 8, 9, 19, 33, 34, 35, 45, 46, 48, 52,
    54, 57, 58, 59, 60, 62, 65, 68, 74, 76
    conjunto de recolección de evidencias de
        violación, 19
    DNA (deoxyribonucleic acid), 7, 9
    evidencia circunstancial, 6
    física, 6, 7, 8, 34, 44
    huellas digitales, 9
    recolección, 34
evidencias son insuficientes. *Ver* estrategias
    de la defensa
explotación de niños, 81, 87

F

falsificación de documentos, 3
Federal Trade Comission (FTC), 88
fianza, 20, 23, 24, 25, 54, 55-58
    bono, 55, 56
fiscal. *Ver* acusador público
funcionario de la corte, 47

G

gobierno, 1, 13, 16, 29, 47, 65, 81, 83
gran jurado de acusación, 48

H

homicidio. *Ver* asesinato
homicidio impremeditado, 3

I

identificación, 43, 44, 45, 59, 60
identificación errónea. *Ver* estrategias de la defensa
incendio premeditado, 3
incriminar, 6
indecencia pública, 3
indemnización, 23, 25, 26, 92
infracción, 2, 49
insania. *Ver* estrategias de la defensa
institución de rehabilitación, 77
institución de salud mental, 10
intención criminal, 10
interrogatorio riguroso, 52, 68
invasión a la propiedad, 3, 46, 61, 70
investigación policía, 8, 23, 37-41, 46
investigador de la defensa, 20, 52

J

Juez, 2, 7, 21, 23, 24, 51-52, 56, 58, 59, 61, 62, 65,
    67, 68, 69, 72, 74, 75, 76, 77, 78, 90
juicio, 18, 20, 21, 30, 31, 51, 53, 54, 57, 58, 59, 60,
    61, 62, 65, 75, 77, 79
juicio criminal, 65-68
jurado, 7, 48, 51, 53, 65, 66, 67, 68, 79, 90

L

laboratorio (especializado en crímenes), 8
laboratorio de investigación del crimen, 25, 45
ley, 1-2, 5, 17, 18, 20, 22, 26, 48, 49, 51, 52, 53, 56,
    82, 84, 85, 86
    criminal, 2, 4
    federal, 1
Ley de Megan, 86
liberación condicional, 24, 28, 75, 78
libertad condicional, 69, 72-73, 92
libertad condicional vigilada, 28
limite de tiempo, 20, 27, 48-49, 53
línea de emergencia, 14, 27, 87, 88
litigio civil, 26
lugar del crimen, 8, 34, 43, 45

M

malicia, 4
mapa de la criminalidad, 81, 84-85
medios de difusión, 29, 31-32, 82
moción para la sentencia previa, 59

mociones, 59-60, 66
    moción para dejar sin lugar un proceso, 59
    moción por aplazamiento, 60
    moción por camio de tribunal o juez, 60
    moción por descubrimiento, 60
muerte, 3, 9, 11

N

Nacional de Justicia (National Institute of Justice), 85
nivel de prueba, 90

O

objeción, 67
ofensas triviales, 2
ofensor. *Ver* criminal
ofensor juvenil. *Ver* criminal
orden corte, 31
orden judicial, 56, 60, 78

P

pena capital, 3, 70
pena de muerte. *Ver* pena capital
perdón, 24
personal de la prisión, 2, 25
personal de víctimas-testigos, 20, 27, 49
personal médico, 19
policía, 2, 8, 9, 16, 23, 25, 26, 28, 30, 33, 34, 37-41,
    43, 44, 45, 46, 49, 58, 65, 78, 83, 84, 85
presentando los cargos, 19, 23, 47-49
    auto de acusación, 47
    demanda, 47
    información, 48
presentencia de investigación, 75
Primera Enmienda. *Ver* Constitución de los
    Estados Unidos
prisión. *Ver* encarcelamiento
procedimientos previos al juicio, 51-60
programas de asistencia a la víctimas, 14, 23, 28
propiedad, 3, 11, 25, 26
prosecución, 10, 25, 33, 51, 56, 58, 65
prueba. *Ver* evidencia

Q

Quinta Enmienda. *Ver* Constitución de los
    Estados Unidos

R

reconocimiento, 56
rehabilitación, 2, 77
relator de la corte, 60, 62
repetidas amenazas. *Ver* acoso ilegal
reporte policía, 2, 33
reporte policial, 27, 30, 37-41
responsabilidad, 1, 2, 5

restitución, 26, 70, 74, 92
revisión de procedimientos, 48
revocación, 78
revólver, 2
robo, 2, 3, 4, 10, 11, 38, 61, 62
robo de identidad, 88

S

secreto entre abogado y cliente, 96
secuestro de un coche, 3
seguro, 8, 15
sentencia, 3, 6, 10, 18, 23, 24, 28, 33, 49, 56, 61,
    62, 69-78, 79, 85, 86, 92
servicios comunitarios, 72
Sexta Enmienda. *Ver* Constitución de los
    Estados Unidos
sospechoso. *Ver* criminal

T

terapia, 13
testigo, 6, 7, 8, 18, 33, 37, 39, 40, 48, 52, 58, 60,
    65, 66-68, 74, 90
    protección, 18, 20
testimonio, 6, 10, 17, 18, 24, 28, 29-31, 52, 59, 65,
    66, 67, 75, 79, 89
toque de queda, 58
tribunal de juicio, 52, 66

V

veredicto
    culpable, 79
víctima, 1, 10, 11, 13, 14, 15, 16, 17-28, 29, 30, 31,
    33, 34, 35, 40, 41, 43, 44, 45, 46, 47, 49, 52-
    53, 55, 56, 57, 59, 60, 63, 65, 66-68, 73, 74,
    75, 76, 80, 81, 82, 83, 84, 87, 88, 89, 90, 92,
    93, 96, 97, 99
    como testigo, 66-68
    derecho a la información, 39
    derechos, 17, 18, 19-28, 29-32, 52-53, 80
    derechos a la privacidad, 15, 18, 29-32
    derechos constitucionales, 22
    derechos estatutarios, 22
    entrevista, 37-39, 60
    fuente de información, 14, 16
    fuentes de información, 27
        para los miembros familiares, 23
    gastos, 21
    individual, 1
    pública, 1, 22
    tratamiento, 19, 37
violación, 3, 11, 15, 19, 33, 34, 78
violencia doméstica, 6, 15, 19, 33, 73, 82

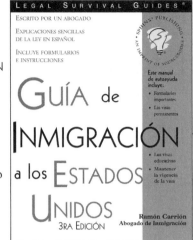

SPHINX® PUBLISHING ORDER FORM

BILL TO:		SHIP TO:		
Phone #	**Terms**	**F.O.B.** Chicago, IL	**Ship Date**	

Charge my: ☐ VISA ☐ MasterCard ☐ American Express

☐ **Money Order or Personal Check**

Credit Card Number [ ][ ][ ][ ][ ][ ][ ][ ][ ][ ][ ][ ][ ][ ][ ][ ] **Expiration Date**

Qty	ISBN	Title	Retail	Ext.
		SPHINX PUBLISHING NATIONAL TITLES		
___	1-57248-148-X	Cómo Hacer su Propio Testamento	$16.95	___
___	1-57248-147-1	Cómo Solicitar su Propio Divorcio	$24.95	___
___	1-57248-166-8	The Complete Book of Corporate Forms	$24.95	___
___	1-57071-342-1	Debtors' Rights (3E)	$14.95	___
___	1-57248-139-0	Grandparents' Rights (3E)	$24.95	___
___	1-57248-188-9	Guía de Inmigración a Estados Unidos (3E)	$24.95	___
___	1-57248-187-0	Guía de Justicia para Víctimas del Crimen	$21.95	___
___	1-57248-103-X	Help Your Lawyer Win Your Case (2E)	$14.95	___
___	1-57071-164-X	How to Buy a Condominium or Townhome	$19.95	___
___	1-57071-223-9	How to File Your Own Bankruptcy (4E)	$21.95	___
___	1-57248-132-3	How to File Your Own Divorce (4E)	$24.95	___
___	1-57248-100-5	How to Form a DE Corporation from Any State	$24.95	___
___	1-57248-083-1	How to Form a Limited Liability Company	$22.95	___
___	1-57248-099-8	How to Form a Nonprofit Corporation	$24.95	___
___	1-57248-133-1	How to Form Your Own Corporation (3E)	$24.95	___
___	1-57071-343-X	How to Form Your Own Partnership	$22.95	___
___	1-57248-119-6	How to Make Your Own Will (2E)	$16.95	___
___	1-57071-331-6	How to Negotiate Real Estate Contracts (3E)	$18.95	___
___	1-57071-332-4	How to Negotiate Real Estate Leases (3E)	$18.95	___
___	1-57248-124-2	How to Register Your Own Copyright (3E)	$21.95	___
___	1-57248-104-8	How to Register Your Own Trademark (3E)	$21.95	___
___	1-57071-349-9	How to Win Your Unemployment Compensation Claim	$21.95	___
___	1-57248-118-8	How to Write Your Own Living Will (2E)	$16.95	___
___	1-57071-344-8	How to Write Your Own Premarital Agreement (2E)	$21.95	___
___	1-57248-158-7	Incorporate in Nevada from Any State	$24.95	___
___	1-57071-333-2	Jurors' Rights (2E)	$12.95	___
___	1-57071-400-2	Legal Research Made Easy (2E)	$16.95	___

Qty	ISBN	Title	Retail	Ext.
___	1-57071-336-7	Living Trusts and Simple Ways to Avoid Probate (2E)	$22.95	___
___	1-57248-167-6	Most Valuable Bus. Legal Forms You'll Ever Need (3E)	$21.95	___
___	1-57248-130-7	Most Valuable Personal Legal Forms You'll Ever Need	$24.95	___
___	1-57248-098-X	The Nanny and Domestic Help Legal Kit	$22.95	___
___	1-57248-089-0	Neighbor v. Neighbor (2E)	$16.95	___
___	1-57071-348-0	The Power of Attorney Handbook (3E)	$19.95	___
___	1-57248-149-8	Repair Your Own Credit and Deal with Debt	$18.95	___
___	1-57071-337-5	Social Security Benefits Handbook (2E)	$16.95	___
___	1-57071-399-5	Unmarried Parents' Rights	$19.95	___
___	1-57071-354-5	U.S.A. Immigration Guide (3E)	$19.95	___
___	1-57248-138-2	Winning Your Personal Injury Claim (2E)	$24.95	___
___	1-57248-097-1	Your Right to Child Custody, Visitation and Support	$22.95	___
		CALIFORNIA TITLES		
___	1-57248-150-1	CA Power of Attorney Handbook (2E)	$18.95	___
___	1-57248-151-X	How to File for Divorce in CA (3E)	$26.95	___
___	1-57071-356-3	How to Make a CA Will	$16.95	___
___	1-57248-145-5	How to Probate and Settle an Estate in California	$26.95	___
___	1-57248-146-3	How to Start a Business in CA	$18.95	___
___	1-57071-358-8	How to Win in Small Claims Court in CA	$16.95	___
___	1-57071-359-6	Landlords' Rights and Duties in CA	$21.95	___
		FLORIDA TITLES		
___	1-57071-363-4	Florida Power of Attorney Handbook (2E)	$16.95	___
___	1-57248-176-5	How to File for Divorce in FL (7E)	$26.95	___
___	1-57248-177-3	How to Form a Corporation in FL (5E)	$24.95	___
___	1-57248-086-6	How to Form a Limited Liability Co. in FL	$22.95	___
___	1-57071-401-0	How to Form a Partnership in FL	$22.95	___
___	1-57248-113-7	How to Make a FL Will (6E)	$16.95	___

Form Continued on Following Page   **SUBTOTAL**

To order, call Sourcebooks at 1-800-432-7444 or FAX (630) 961-2168 (Bookstores, libraries, wholesalers—please call for discount)

Prices are subject to change without notice.

SPHINX® PUBLISHING ORDER FORM

Qty	ISBN	Title	Retail	Ext.
	1-57248-088-2	How to Modify Your FL Divorce Judgment (4E)	$24.95	
	1-57248-144-7	How to Probate and Settle and Estate in FL (4E)	$26.95	
	1-57248-081-5	How to Start a Business in FL (5E)	$16.95	
	1-57071-362-6	How to Win in Small Claims Court in FL (6E)	$16.95	
	1-57248-123-4	Landlords' Rights and Duties in FL (8E)	$21.95	

GEORGIA TITLES

Qty	ISBN	Title	Retail	Ext.
	1-57248-137-4	How to File for Divorce in GA (4E)	$21.95	
	1-57248-075-0	How to Make a GA Will (3E)	$16.95	
	1-57248-140-4	How to Start a Business in Georgia (2E)	$16.95	

ILLINOIS TITLES

Qty	ISBN	Title	Retail	Ext.
	1-57071-405-3	How to File for Divorce in IL (2E)	$21.95	
	1-57071-415-0	How to Make an IL Will (2E)	$16.95	
	1-57071-416-9	How to Start a Business in IL (2E)	$18.95	
	1-57248-078-5	Landlords' Rights & Duties in IL	$21.95	

MASSACHUSETTS TITLES

Qty	ISBN	Title	Retail	Ext.
	1-57248-128-5	How to File for Divorce in MA (3E)	$24.95	
	1-57248-115-3	How to Form a Corporation in MA	$24.95	
	1-57248-108-0	How to Make a MA Will (2E)	$16.95	
	1-57248-106-4	How to Start a Business in MA (2E)	$18.95	
	1-57248-107-2	Landlords' Rights and Duties in MA (2E)	$21.95	

MICHIGAN TITLES

Qty	ISBN	Title	Retail	Ext.
	1-57071-409-6	How to File for Divorce in MI (2E)	$21.95	
	1-57248-077-7	How to Make a MI Will (2E)	$16.95	
	1-57071-407-X	How to Start a Business in MI (2E)	$16.95	

MINNESOTA TITLES

Qty	ISBN	Title	Retail	Ext.
	1-57248-142-0	How to File for Divorce in MN	$21.95	
	1-57248-179-X	How to Form a Corporation in MN	$24.95	
	1-57248-178-1	How to Make a MN Will (2E)	$16.95	

NEW YORK TITLES

Qty	ISBN	Title	Retail	Ext.
	1-57248-141-2	How to File for Divorce in NY (2E)	$26.95	
	1-57248-105-6	How to Form a Corporation in NY	$24.95	
	1-57248-095-5	How to Make a NY Will (2E)	$16.95	
	1-57071-185-2	How to Start a Business in NY	$18.95	
	1-57071-187-9	How to Win in Small Claims Court in NY	$16.95	
	1-57071-186-0	Landlords' Rights and Duties in NY	$21.95	
	1-57071-188-7	New York Power of Attorney Handbook	$19.95	
	1-57248-122-6	Tenants' Rights in NY	$21..95	

NORTH CAROLINA TITLES

Qty	ISBN	Title	Retail	Ext.
	1-57248-185-4	How to File for Divorce in NC (3E)	$22.95	
	1-57248-129-3	How to Make a NC Will (3E)	$16.95	
	1-57248-096-3	How to Start a Business in NC (2E)	$16.95	
	1-57248-091-2	Landlords' Rights & Duties in NC	$21.95	

OHIO TITLES

Qty	ISBN	Title	Retail	Ext.
	1-57248-190-0	How to File for Divorce in OH (2E)	$24.95	
	1-57248-174-9	How to Form a Corporation in OH	$24.95	
	1-57248-173-0	How to Make an OH Will	$16.95	

PENNSYLVANIA TITLES

Qty	ISBN	Title	Retail	Ext.
	1-57248-127-7	How to File for Divorce in PA (2E)	$24.95	
	1-57248-094-7	How to Make a PA Will (2E)	$16.95	
	1-57248-112-9	How to Start a Business in PA (2E)	$18.95	
	1-57071-179-8	Landlords' Rights and Duties in PA	$19.95	

TEXAS TITLES

Qty	ISBN	Title	Retail	Ext.
	1-57248-171-4	Child Custody, Visitation, and Support in TX	$22.95	
	1-57071-330-8	How to File for Divorce in TX (2E)	$21.95	
	1-57248-114-5	How to Form a Corporation in TX (2E)	$24.95	
	1-57071-417-7	How to Make a TX Will (2E)	$16.95	
	1-57071-418-5	How to Probate an Estate in TX (2E)	$22.95	
	1-57071-365-0	How to Start a Business in TX (2E)	$18.95	
	1-57248-111-0	How to Win in Small Claims Court in TX (2E)	$16.95	
	1-57248-110-2	Landlords' Rights and Duties in TX (2E)	$21.95	

SUBTOTAL THIS PAGE _____

SUBTOTAL PREVIOUS PAGE _____

Shipping— $5.00 for 1st book, $1.00 each additional _____

Illinois residents add 6.75% sales tax _____

Connecticut residents add 6.00% sales tax _____

TOTAL _____

To order, call Sourcebooks at 1-800-432-7444 or FAX (630) 961-2168 (Bookstores, libraries, wholesalers—please call for discount)

Prices are subject to change without notice.